ポケット

漢4級

問題集

快

短期間でしっかり合格！

成美堂出版

ポケット漢検 4 級問題集

■ 頻度別問題集

頻出度 **A** 最頻出問題

頻出度 **B** 必修問題

もくじ

頻出度 **C** 重要問題

■ **巻末** 後ろからご覧ください

巻末資料

本書の見かた

出題ジャンル ●

● 問題

頻出度 ●

<ruby>頻出度<rt>ひんしゅつど</rt></ruby>

頻出度は A ～ C の
3 つに分かれていま
す。右の「ひよこで
わかる頻出度」も参
考に。

チェック ●
ボックス

できた問題をチェッ
クしましょう。

頻出度 A 読み①

次の＿＿線の**漢字の読み**を**ひらがな**で答えよ。

☑ **01** 味方チームに声援を送る。

☑ **02** 遠慮がちにジュースを飲む。

☑ **03** 濃霧で景色が見えない。

☑ **04** トラブルには敏速な対応が大切だ。

☑ **05** 人に迷惑をかけてはいけない。

解説の中のアイコンの意味

出例	共通する漢字の問題で、過去の実際の試験に出題されたもの P.12 の 01 では「声援」の読みが出題されていますが、同じ漢字を使った「援助」「救援」の読みも、過去の試験で出題されていることを示しています。

豆	覚えておくとためになる解説	用例	解答または解答の一部を使った語句
✖	間違いやすい例	熟語	解答の漢字を使った熟語の例
対義語	解答の熟語の反対の意味の熟語の例	類義語	解答の熟語と同じような意味の熟語の例
音読	解答の漢字の音読み	訓読	解答の漢字の訓読み
中	中学校で習う読み方	高	高等学校で習う読み方

4

本書のメインコンテンツである P.12〜317の頻度別問題集のページの見かたです。赤シートをかぶせながら問題を解いていきましょう。

● 自己採点記入欄
合格点がとれるまで、くり返しましょう。

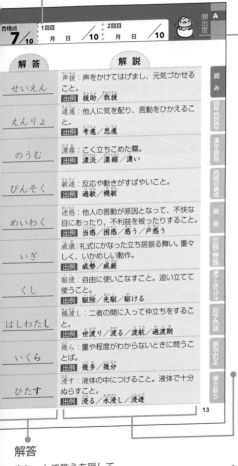

合格点 7/10	1回目 月 日 /10	2回目 月 日 /10		頻出度 A

解答	解説	
せいえん	声援：声をかけてはげまし、元気づかせること。 **出例** 援助／救援	読み
えんりょ	遠慮：他人に気を配り、言動をひかえること。 **出例** 考慮／思慮	筒字同訓異字
のうむ	濃霧：こく立ちこめた霧。 **出例** 濃淡／濃縮／濃い	漢字識別
びんそく	敏速：反応や動きがすばやいこと。 **出例** 過敏／機敏	熟語の構成
めいわく	迷惑：他人の言動が原因となって、不快な目にあったり、不利益を被ったりすること。 **出例** 当惑／困惑／惑う／戸惑う	部首
いぎ	威儀：礼式にかなった立ち居振る舞い。重々しく、いかめしい動作。 **出例** 威勢／威厳	対義語類義語
くし	駆使：自由に使いこなすこと。追い立てて使うこと。 **出例** 駆除／先駆／駆ける	漢字と送りがな
はしわたし	橋渡し：二者の間に入って仲立ちをすること。 **出例** 世渡り／渡る／渡航／過渡期	四字熟語
いくら	幾ら：量や程度がわからないときに問うことば。 **出例** 幾多／幾分	誤字訂正
ひたす	浸す：液体の中につけること。液体で十分ぬらすこと。 **出例** 浸る／水浸し／浸透	書き取り

13

● ひよこでわかる
頻出度

A
過去問21年分の試験で出題頻度が最も高いもの

B
Aの次に頻度が高いもの

C
頻度は高くないが、覚えておきたい問題

● 解説
解答の漢字や熟語の意味、そのほか覚えておきたい注意点など辞書いらずの親切な解説が書かれています。

● 解答
赤シートで答えを隠してくり返し学習できます。

5

本書の特長

過去問21年分（約260回分）を徹底分析！
試験に出る問題だけを完全攻略！

　本書では、**漢字検定の過去問21年分（約260回分※）の試験で、
実際に出題された問題すべてを分析**しています。

※検定は一年間に公開会場で3回、団体受検の準会場で約10回実施
　されています。

ジャンル	出題例（出題回数）
読み	誇る（25回）／幾ら（24回）／脈絡（20回）／静寂（19回）
同音・同訓異字	カン－鑑 監 乾　コウ－更 恒 抗（47回）
漢字識別	腕（16回）／躍（14回）／突 妙 劣（13回）
熟語の構成	栄枯（23回）／送迎（21回）／経緯 首尾 賞罰（20回）
部首	影 奥 壱（23回）／誉 殿 彩（21回）
対義語	返却←→借用 繁雑←→簡略（20回）／反抗←→服従（19回）
類義語	用心＝警戒 釈明＝弁解（21回）／対等＝互角 屈指＝抜群　他（20回）
漢字と送りがな	果てる（18回）／足りる 借りる 基づく　他（16回）
四字熟語	是非善悪（33回）／起承転結（28回）／狂喜乱舞（27回）／一網打尽（26回）
誤字訂正	典示→展示（17回）／政作→政策 監使→監視　他（12回）
書き取り	盛ん（17回）／複雑 祝福（17回）／裏切る（16回）／豊富 観覧（14回）

　上の表が、分析結果です。出題範囲（8ページ参照）が決ま

短時間でしっかり合格するために、本書は過去問を徹底的に分析した問題集になっています。赤シート対応、辞書いらずの親切な解説も特長です。

っているので、何度も出題される漢字があることに気づくはずです。たとえば、読みの問題では「誇る」が25回出題されている一方、「屋敷」は1回しか出題されていません。

　本書では、出題回数が多い順、すなわち出題頻度が高い順にA、B、Cの3ランクに分類して問題を掲載しています。これまでに何度も出題された問題はこれからも出題されやすい**「試験に出る問題」**です。これを集中的に学習することにより短時間でしっかり合格できます。特に、頻出度Aは出題されることの多い問題で、得点源になります。

　また、時間に余裕がない人は頻出度Aのみの学習、満点合格を狙う人は頻出度Cまでの学習、というように自分の勉強時間に合わせた使い方もできます。

いつでもどこでも学習できる！
隠して覚えられる赤シート対応！

　本書は隠して覚えられる赤シート対応になっています。また、辞書を引かなくても済むくらい親切な解説がついています。

　ノートや辞書を持ち運ばなくても済み、通学中、通勤中、いつでもどこでも空いた時間で学習できるので、短時間でしっかり合格することができます。

2020年度からの試験制度変更について
平成29年改訂の小学校学習指導要領が2020年度から全面実施されたことに伴い、漢字検定でも一部の配当級が変更になりました。4級では、4級配当漢字だった「香」「井」「沖」が7級配当漢字に変更され、配当漢字から外れています。本書ではこの試験制度変更を踏まえて、配当級が変更となった漢字の出題頻度を予想した上で、A・B・Cの各ランクに予想問題として掲載しています。

● ４級検定では、常用漢字のうち1339字から出題され、５級から313字増えました。これは、だいたい中学校１年修了までに習う漢字に相当します。

● 出題形式は、大きく分けて「読み」「書き」「部首」の３つに分類することができます。

・読み→４級の出題範囲の漢字すべてが対象ですが、とくに「４級配当漢字」が重要で、学習漢字で中学１年生で習う読みや、「特別な読み」などもよく出題されます。

・書き→下級からの出題が中心でしたが、平成24年度の試験からは、４級配当漢字からも「書き」の領域で出題されます。しっかりと学習しておきましょう。

・部首→漢字の読み書きだけでなく、部首を正しく理解しているかどうかが問われます。

● 試験は、以下のような内容で構成されています。

（一）短文中の漢字の読み（音・訓）　　（二）同音・同訓異字

（三）漢字識別　　　　　　　　　　　（四）熟語の構成

（五）部首　　　　　　　　　　　　　（六）対義語・類義語

（七）漢字と送りがな　　　　　　　　（八）四字熟語

（九）誤字訂正

（十）短文中の書き取り（音・訓）

ただし、（公財）日本漢字能力検定協会の審査基準の変更の有無にかかわらず、出題形式や問題数が変更されることもあります。

漢字検定4級の
採点基準

- 漢字検定では、とめるところ、離すところ、続けるところなどを意識して、ていねいにはっきり解答を書きましょう。くずした字や乱雑な書き方は採点の対象外となるので注意してください。点が抜けていたり、不要な点があってもバツになります。

- 4級では、常用漢字表にない漢字の読みを用いると不正解になります。たとえば、「ワレを忘れる」の「ワレ」は「我」と書くのが正解で、「吾」と書いたらバツになります。「我」は常用漢字ですが「吾」は常用漢字ではないからです。
同様に、「ワカル」は「分かる」が正解で、「判る」「解る」は常用漢字にはない読み方なので、不正解となります。

- その他の採点基準は以下のとおりです。
- 送りがな→内閣告示の「送りがなのつけ方」が基準になっています。
- 部首→部首は辞書や参考書によって多少異なることがありますが、(公財)日本漢字能力検定協会の定めによっています。本書の巻末の配当漢字表は(公財)日本漢字能力検定協会発行の「漢検要覧2～10級対応 改訂版」に則っています。

- 4級の合格点は正解率70パーセント前後が目安になります。4級は200満点ですから、140点以上をとれば合格です。

● 年齢、性別、国籍を問わず、だれでも受検できます。個人で
受検する場合は以下の方法があります。

- インターネットから申し込む
- ローソン、セブン-イレブン、ファミリーマート、ミニストップで申し込む

● 個人受検の試験は1年に3回、定期的に実施されています。
日程については（公財）日本漢字能力検定協会に問い合わせ
てください。

● 検定会場は、全国と海外の主要都市で行われています。願書
に載っている検定会場から、自分の希望する会場を選びます。
団体受検の場合、条件を満たせば学校や会社の中で受検する
こともできます。

● 申込期間は検定日の約3か月前から1か月前までです。しめ
切り日までに願書を送らないと無効になってしまいますから、
注意してください。

● 検定時間は60分です。開始時間の異なる級を選べば、2つ
以上の級を受検することも可能です。

実施要項

● 合否の発表は、検定日から所定の日数後、合格者には合格証書、合格証明書、検定結果通知が送られます。不合格者には検定結果通知が郵送されます。

● 検定日当日は、以下の点に注意しましょう。
- 受検票を忘れずに持参しましょう。受検票は、受検中に机の上に置いておかなければなりません。
- 自動車やバイクで来ることを禁止している会場が多いので、事前に確認してください。
- 当日はHBかBの鉛筆、または濃いシャープペンシルを持参しましょう。鉛筆は2本以上、さらに鉛筆が削れる簡単なものを用意しておくと安心です。消しゴムも持参しましょう。ボールペンや万年筆の使用は認められません。
- 検定中、携帯電話の電源は切っておきましょう。

● 検定料等は変わることがあるので、漢字検定の広告やホームページなどで確認するようにしましょう。

問い合わせ先

公益財団法人 日本漢字能力検定協会

ホームページ　https://www.kanken.or.jp/

［本部］〒605-0074　京都市東山区祇園町南側551番地
TEL (075) 757-8600　FAX (075) 532-1110

ホームページにある「よくある質問」を読んで該当する質問がみつからなければメールフォームでお問合せください。電話でのお問合せ窓口は0120-509-315（無料）です。

本書は原則として2023年6月時点のものです。受検をお考えの方は、ご自身で（公財）日本漢字能力検定協会の発表する最新情報をご確認ください。

次の＿＿線の**漢字の読み**を**ひらがな**で答えよ。

☑ **01** 味方チームに<u>声援</u>を送る。

☑ **02** <u>遠慮</u>がちにジュースを飲む。

☑ **03** <u>濃霧</u>で景色が見えない。

☑ **04** トラブルには<u>敏速</u>な対応が大切だ。

☑ **05** 人に<u>迷惑</u>をかけてはいけない。

☑ **06** <u>威儀</u>を正して話を聞く。

☑ **07** 技術を<u>駆使</u>して品質を高める。

☑ **08** 家族と学校の<u>橋渡</u>し役となる。

☑ **09** 全部で<u>幾</u>らですか。

☑ **10** 布を水に<u>浸</u>す。

解答	解説

せいえん
声援：声をかけてはげまし、元気づかせること。
出例 援助／救援

えんりょ
遠慮：他人に気を配り、言動をひかえること。
出例 考慮／思慮

のうむ
濃霧：こく立ちこめた霧。
出例 濃淡／濃縮／濃い

びんそく
敏速：反応や動きがすばやいこと。
出例 過敏／機敏

めいわく
迷惑：他人の言動が原因となって、不快な目にあったり、不利益を被ったりすること。
出例 当惑／困惑／惑う／戸惑う

いぎ
威儀：礼式にかなった立ち居振る舞い。重々しく、いかめしい動作。
出例 威勢／威厳

くし
駆使：自由に使いこなすこと。追い立てて使うこと。
出例 駆除／先駆／駆ける

はしわたし
橋渡し：二者の間に入って仲立ちをすること。
出例 世渡り／渡る／渡航／過渡期

いくら
幾ら：量や程度がわからないときに問うことば。
出例 幾多／幾分

ひたす
浸す：液体の中につけること。液体で十分ぬらすこと。
出例 浸る／水浸し／浸透

次の＿＿線の**漢字の読み**を**ひらがな**で答えよ。

☑ **01** 祖父はマラソンをするほど健脚だ。

☑ **02** 安売り店は満員の大盛況だ。

☑ **03** 恒久的な平和を願う。

☑ **04** 道具の耐久性を調べる。

☑ **05** その件は別途調査中だ。

☑ **06** 年末は仕事の繁忙期だ。

☑ **07** 大会終了後、優勝旗を授与された。

☑ **08** 近隣諸国に使者を遣わす。

☑ **09** 狭い部屋に閉じこめられる。

☑ **10** 名門の家柄を誇る。

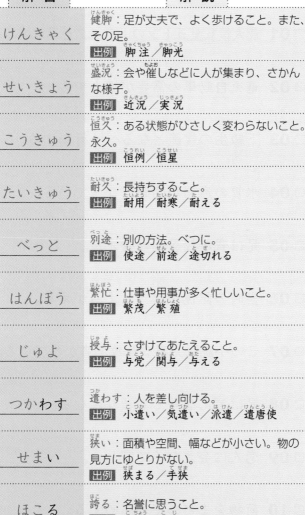

解 答	解 説
けんきゃく	健脚：足が丈夫で、よく歩けること。また、その足。 出例 脚注／脚光
せいきょう	盛況：会や催しなどに人が集まり、さかんな様子。 出例 近況／実況
こうきゅう	恒久：ある状態がひさしく変わらないこと。永久。 出例 恒例／恒星
たいきゅう	耐久：長持ちすること。 出例 耐用／耐寒／耐える
べっと	別途：別の方法。べつに。 出例 使途／前途／途切れる
はんぼう	繁忙：仕事や用事が多く忙しいこと。 出例 繁茂／繁殖
じゅよ	授与：さずけてあたえること。 出例 与党／関与／与える
つかわす	遣わす：人を差し向ける。 出例 小遣い／気遣い／派遣／遣唐使
せまい	狭い：面積や空間、幅などが小さい。物の見方にゆとりがない。 出例 狭まる／手狭
ほこる	誇る：名誉に思うこと。 出例 誇張／誇示

読み

同音・同訓異字

漢字識別

熟語の構成

部首

対義語・類義語

漢字と送りがな

四字熟語

誤字訂正

書き取り

次の＿＿線の**漢字の読み**を**ひらがな**で答えよ。

☑ **01** 最大積載量五トンのトラックを運転する。

☑ **02** 電気自動車の需要が拡大する。

☑ **03** 下級生の規範となるべく行動する。

☑ **04** 水質の汚濁が問題になっている。

☑ **05** 兄は我が校屈指の秀才だ。

☑ **06** 当時の記憶が鮮烈によみがえる。

☑ **07** この小説は見事な筆致で書かれている。

☑ **08** 兄はどんな時でも頼りになる。

☑ **09** 恋人に会えなくて寂しい。

☑ **10** 荷物をまとめて箱詰めする。

解 答	解 説
せきさい	積載：とくに車や船などに物を積み、乗せること。 **出例** 満載／連載／載せる／載る
じゅよう	需要：ある商品に対する、購買への欲求。求めること。また、その総量。 **出例** 必需品／内需
きはん	規範：手本。模範。 **出例** 模範／範囲
おだく	汚濁：よごれてにごること。 **出例** 汚点／汚水／汚い
くっし	屈指：多くの中で、とくに指をおって数えられるほどにすぐれていること。指折り。 **出例** 屈折／退屈
せんれつ	鮮烈：あざやかで強烈なさま。 **出例** 鮮明／生鮮／鮮やかだ
ひっち	筆致：書きぶり。ふでの調子。ふでつき。 **出例** 招致／致命的／致す
たより	頼り：人や物をたのみとすること。 **出例** 頼む／頼もしい／信頼
さびしい	寂しい：満たされない気持ち。人恋しく心細い。人けがなくひっそりしている。 **出例** 寂れる／静寂
はこづめ	箱詰め：物をはこや包みにつめること。 **出例** 詰める／大詰め

読み

同音・同訓異字

漢字識別

熟語の構成

部首

対義語・類義語

漢字と送りがな

四字熟語

誤字訂正

書き取り

17

次の＿＿＿線の**漢字の読み**を**ひらがな**で答えよ。

☑ **01** <u>迫力</u>のある映画に圧倒される。

☑ **02** <u>神妙</u>な面持ちで親の話を聞く。

☑ **03** 通学中、本を熱心に<u>黙読</u>する。

☑ **04** 朝からうれしいことがあって<u>縁起</u>が良い。

☑ **05** 入部したクラブで<u>歓待</u>を受ける。

☑ **06** <u>寸暇</u>をおしんで勉強する。

☑ **07** <u>根拠</u>を挙げて反論する。

☑ **08** 神社の前を通ると<u>胸騒</u>ぎがする。

☑ **09** 体の動きが<u>鈍</u>い。

☑ **10** 大きな<u>手柄</u>を立てた。

解答 ／ 解説

はくりょく
迫力：人の心に強くせまる力。
出例 切迫／圧迫／迫る

しんみょう
神妙：いつもよりおとなしくまじめなさま。
出例 絶妙／妙案

もくどく
黙読：声を出さずに本などを読むこと。
出例 黙想／黙殺／黙る

えんぎ
縁起：物事の吉凶の前兆。前ぶれ。言い伝え。由来。
出例 機縁／縁故／縁／縁側

かんたい
歓待：丁重にもてなすこと。
出例 歓呼／歓迎

すんか
寸暇：ほんのわずかのひま。
出例 余暇／休暇／暇

こんきょ
根拠：推論や判断、言動を成り立たせるよりどころ。
出例 証拠／準拠

むなさわぎ
胸騒ぎ：悪い予感がして心がおだやかでないこと。
出例 騒ぐ／騒然／騒動

にぶい
鈍い：動作や頭の働きが遅い。刃物などの切れ味が悪い。
出例 鈍る／鈍感／鈍重

てがら
手柄：立派な働き。功績。
出例 柄／事柄

19

次の＿＿線の**漢字の読み**を**ひらがな**で答えよ。

☑ **01** ハトは平和の<u>象徴</u>と呼ばれている。

☑ **02** 記録が<u>飛躍</u>的にのびた。

☑ **03** 社長は<u>雄大</u>な計画を発表した。

☑ **04** 先生が生徒を<u>引率</u>する。

☑ **05** 父とは意見の<u>相違</u>がある。

☑ **06** 事件の<u>詳細</u>が明らかとなる。

☑ **07** 現代に<u>即応</u>した教育を行う。

☑ **08** 夏になると中庭に草が<u>茂</u>る。

☑ **09** 営業部の社員が全員<u>出払</u>っている。

☑ **10** 細かい道具を上手に<u>扱</u>う。

解答	解説
しょうちょう	象徴：抽象的な物事について、具体的な形で理解しやすいように表すこと。 出例 徴収／徴候
ひやく	飛躍：急速に進歩すること。飛び上がること。 出例 躍進／躍動／躍る
ゆうだい	雄大：規模がとても大きく堂々としていること。 出例 雄弁／英雄／雄
いんそつ	引率：引き連れること。ひきいること。 出例 率先／軽率 豆「率」は6級配当漢字だが、「ソツ」は中学校で学習する読み ✕いんりつ
そうい	相違：二つのものが互いにちがっていること。 出例 違法／違約／筋違い／間違い
しょうさい	詳細：くわしい事情。細部にわたってくわしいこと。 出例 詳報／不詳／詳しい
そくおう	即応：すぐに対応すること。その場の状況にあてはまること。 出例 即決／即席
しげる	茂る：草木や枝葉が多く生え出ること。 出例 繁茂
ではらって	出払う：人や物が全部出て残っていないこと。 出例 払う
あつかう	扱う：道具や機械などを手で動かして操作する。あやつる。物事を取りさばく。

読み

同音・同訓異字

漢字識別

熟語の構成

部首

対義語・類義語

漢字と送りがな

四字熟語

誤字訂正

書き取り

21

次の＿＿線の**漢字の読み**を**ひらがな**で答えよ。

☑ **01** 添加物を使わない料理が評判だ。

☑ **02** 事の成り行きを傍観する。

☑ **03** 優雅な踊りをたん能する。

☑ **04** 軽薄な男だという評判だ。

☑ **05** 奇抜な発想をする人だ。

☑ **06** 試験の出題傾向を調べる。

☑ **07** 頭髪を短く刈る。

☑ **08** 夕方になって日が陰る。

☑ **09** 古い家の柱が朽ちる。

☑ **10** 軒先につるした風りんがすずしげだ。

解答	解説
てんかぶつ	添加物：加工や保存などのために後から加えるもの。 出例 添付／添加／添う／添える
ぼうかん	傍観：関係がない立場で、そばからただ見ていること。 出例 路傍／傍線
ゆうが	優雅：上品で美しいこと。 出例 風雅／雅楽
けいはく	軽薄：言動が軽々しく、誠実でないこと。また、そのさま。 出例 希薄／薄情／薄い／薄着
きばつ	奇抜：とっぴで、人の意表をつくこと。 出例 奇異／奇襲
けいこう	傾向：物事がある方向にかたむくこと。 出例 傾斜／傾く／傾ける
とうはつ	頭髪：かみの毛。頭の毛。 出例 毛髪／散髪／髪飾り
かげる	陰る：光が当たらなくなり、暗くなる。夕暮れになる。状態が悪くなる。表情が暗くなる。出例 物陰／木陰
くちる	朽ちる：腐ってくずれたり、形を失ったりする。 出例 不朽／老朽
のきさき	軒先：のきの先端。のきに近いところ。家の前。 出例 軒下／数軒

次の＿＿線の**漢字の読み**を**ひらがな**で答えよ。

☑ **01** 謡曲が能の舞台で流れた。

☑ **02** インフルエンザが猛威をふるう。

☑ **03** よく切れる鋭利な包丁を買った。

☑ **04** 母は祖父の介護をしている。

☑ **05** 不利な状況になり退却する。

☑ **06** その会の趣旨を理解する。

☑ **07** 倉庫から品物を搬出する。

☑ **08** 新緑が光を受けて輝く。

☑ **09** 恩師のお宅に伺う。

☑ **10** 授業中に腹痛を訴える。

解答	解説
ようきょく	謡曲：能で、節をつけて歌う物語。また、それをうたうこと。 **出例** 民謡／歌謡
もうい	猛威：流行病などの猛烈な勢い。すさまじい威力。 **出例** 猛烈／猛獣
えいり	鋭利：刃物がするどく、切れ味のよいこと。そのさま。 **出例** 精鋭／鋭角／鋭い
かいご	介護：日常生活が困難な人に生活の支援・補助をすること。 **出例** 介抱／介入
たいきゃく	退却：ある場所から立ち去ること。 **出例** 却下／売却
しゅし	趣旨：あることを行うときの目的や理由。話や文章などで言おうとしていること。 **出例** 趣向／趣味／趣
はんしゅつ	搬出：物品を運び出すこと。持ち出すこと。 **出例** 搬送／搬入　**対義語** 搬入
かがやく	輝く：きらきらと光る。きらめく。 **出例** 光輝
うかがう	伺う：「聞く」「尋ねる」「訪問する」などの謙譲語。
うったえる	訴える：不満や不平、苦痛などを他人に告げ、救いを期待する。 **出例** 起訴／提訴

読み

同音・同訓異字

漢字識別

熟語の構成

部首

対義語・類義語

漢字と送りがな

四字熟語

誤字訂正

書き取り

次の＿＿線の**漢字の読み**を**ひらがな**で答えよ。

☑ **01** 地球には<u>微細</u>な生き物が多く存在する。

☑ **02** <u>脈絡</u>のない話にうんざりとした。

☑ **03** 失言で人気低迷に<u>拍車</u>をかける。

☑ **04** 隣町に新しい<u>店舗</u>を構える。

☑ **05** 母は姉を駅まで車で<u>送迎</u>している。

☑ **06** <u>悲惨</u>な結末を迎える。

☑ **07** 将来は<u>服飾</u>関係の仕事がしたい。

☑ **08** 大雨で川の水が<u>濁</u>る。

☑ **09** 友人とはいつも話が<u>弾</u>む。

☑ **10** 先生の小言に思わず顔を<u>背</u>ける。

頻出度
A

合格点
7/10

1回目
月　日　/10

2回目
月　日　/10

解　答	解　説
びさい	微細：非常に細かく小さいさま。ささいなこと。 出例 微力／微々たる
みゃくらく	脈絡：物事の必然的なつながり。すじみち。 出例 連絡網／連絡
はくしゃ	拍車：乗馬の際に靴のかかとにつける金具。 出例 拍子／拍手　豆「拍車をかける」は、物事の進行を一段と早めること
てんぽ	店舗：商品を並べて販売する建物。みせ。 出例 舗装／舗道
そうげい	送迎：おくりむかえすること。 出例 迎合／迎える
ひさん	悲惨：見ていられないほど悲しくいたましいこと。また、そのさま。 出例 惨状／惨事
ふくしょく	服飾：衣服と装身具。 出例 装飾／飾る
にごる	濁る：気体や液体に他の物が混ざって不透明になる。出例 濁す　豆「お茶を濁す」は、いい加減に取りつくろってその場をごまかすこと
はずむ	弾む：調子づく。弾力のあるものが何かに当たってはね返る。 出例 弾力
そむける	背ける：視線をそらす。関わりを避ける。 出例 背く

読み

同音・同訓異字

漢字識別

熟語の構成

部首

対義語・類義語

漢字と送りがな

四字熟語

誤字訂正

書き取り

27

次の___線の**漢字の読み**を**ひらがな**で答えよ。

☑ **01** 慢心は失敗の原因になる。

☑ **02** 今月号に有名作家の遺稿が載った。

☑ **03** 自伝を執筆する。

☑ **04** 体の痛む箇所を医師に伝える。

☑ **05** 称賛に値する行動だ。

☑ **06** 将来が決まる重要な岐路に立っている。

☑ **07** チームの再建に手腕を発揮する。

☑ **08** 批判の矛先が自分に向く。

☑ **09** かまについた米粒を洗い流す。

☑ **10** 芋を洗うような人込みだ。

解 答 | 解 説

まんしん	慢心：おごりたかぶること。また、その心。 出例 自慢／高慢
いこう	遺稿：死後に残された世に発表していない原稿。 出例 原稿／草稿
しっぴつ	執筆：筆を手にとって、文章を書くこと。
かしょ	箇所：ある物や出来事がある場所。 出例 箇条
しょうさん	称賛：ほめたたえること。 出例 愛称／通称
きろ	岐路：人生の行く末が決まる重要な場面のこと。また、分かれ道のこと。 出例 分岐／多岐
しゅわん	手腕：物事を処理する、すぐれた能力。 出例 腕白／腕章／腕／腕前
ほこさき	矛先：攻撃の方向。 出例 矛／矛盾
こめつぶ	米粒：こめのつぶ。 出例 豆粒／粒／粒子
いも	芋：植物の地下茎や根が、でんぷんなどの養分を蓄えて肥大したもの。 出例 里芋

同音・同訓異字①

次の___線の**カタカナ**にあてはまる漢字をそれぞれの**ア～オ**から**一つ**選び、**記号**を答えよ。

☑ **01** 美術館で絵画を**カン**賞する。

ア 環
イ 監
ウ 鑑
エ 歓
オ 乾

☑ **02** 仲間二人で**カン**視する。

☑ **03** 優勝を祝って**カン**杯した。

☑ **04** 競技で記録を**コウ**新した。

ア 項
イ 攻
ウ 恒
エ 抗
オ 更

☑ **05** 毎年**コウ**例の花火大会へ行く。

☑ **06** 会社では内部**コウ**争が激しい。

☑ **07** 以前の仕事のやり方を**トウ**襲する。

ア 倒
イ 逃
ウ 盗
エ 透
オ 踏

☑ **08** エコバッグが人々に浸**トウ**する。

☑ **09** 地震でビルが**トウ**壊した。

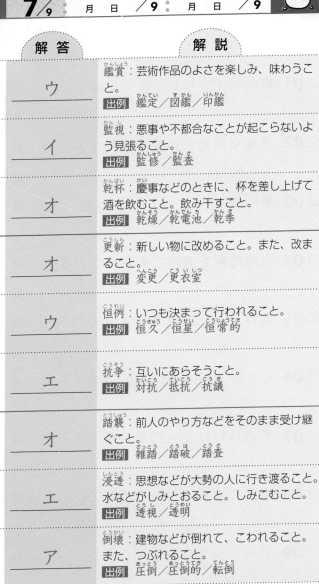

合格点

7/9

1回目
　月　日 /9

2回目
　月　日 /9

解　答	解　説
ウ	鑑賞：芸術作品のよさを楽しみ、味わうこと。 **出例** 鑑定／図鑑／印鑑
イ	監視：悪事や不都合なことが起こらないよう見張ること。 **出例** 監修／監査
オ	乾杯：慶事などのときに、杯を差し上げて酒を飲むこと。飲み干すこと。 **出例** 乾燥／乾電池／乾季
オ	更新：新しい物に改めること。また、改まること。 **出例** 変更／更衣室
ウ	恒例：いつも決まって行われること。 **出例** 恒久／恒星／恒常的
エ	抗争：互いにあらそうこと。 **出例** 対抗／抵抗／抗議
オ	踏襲：前人のやり方などをそのまま受け継ぐこと。 **出例** 雑踏／踏破／踏査
エ	浸透：思想などが大勢の人に行き渡ること。水などがしみとおること。しみこむこと。 **出例** 透視／透明
ア	倒壊：建物などが倒れて、こわれること。また、つぶれること。 **出例** 圧倒／圧倒的／転倒

読み
同音・同訓異字
漢字識別
熟語の構成
部首
対義語・類義語
漢字と送りがな
四字熟語
誤字訂正
書き取り

次の___線の**カタカナ**にあてはまる漢字をそれぞれの**ア〜オ**から**一つ**選び、**記号**を答えよ。

□ **01** 病気が**イ**然として良くならない。

□ **02** 適度な運動で体重を**イ**持する。

□ **03** 事の経**イ**がはっきりしない。

ア	依
イ	為
ウ	緯
エ	維
オ	違

□ **04** 台風情報を海辺で実**キョウ**する。

□ **05** 助けていただいて**キョウ**縮です。

□ **06** 音**キョウ**効果が高い会場で演奏する。

ア	驚
イ	響
ウ	況
エ	凶
オ	恐

□ **07** その行いは**ショウ**賛に値する。

□ **08** 家族に友人を**ショウ**介する。

□ **09** 上司に**ショウ**細を報告した。

ア	召
イ	紹
ウ	床
エ	称
オ	詳

解 答	解 説

ア

依然：前のとおり、もとのままであるさま。
出例 依頼／依存／依拠

エ

維持：物事を同じ状態のまま保つこと。
出例 維新

ウ

経緯：物事の経過。入りくんだ事情。
出例 北緯／緯度

ウ

実況：物事が行われているありのままの状態。
出例 近況／状況／盛況

オ

恐縮：相手の厚意に申し訳なく思うこと。おそろしくて身が縮むこと。
出例 恐怖／恐慌

イ

音響：おとのひびき。または、その効果。
出例 反響／影響／交響

エ

称賛：ほめたたえること。
出例 敬称／称号／愛称

イ

紹介：知らない人どうしの間を取りもつこと。

オ

詳細：くわしい事情。細部にわたってくわしいこと。
出例 詳報／詳述／不詳

読み
同音・同訓異字
漢字識別
熟語の構成
部首
対義語・類義語
漢字と送りがな
四字熟語
誤字訂正
書き取り

同音・同訓異字③

次の___線の**カタカナ**にあてはまる漢字をそれぞれの**ア〜オ**から**一つ**選び、**記号**を答えよ。

☑ **01** 首都ケンは大雨だそうだ。

ア 堅
イ 遣
ウ 軒
エ 兼
オ 圏

☑ **02** 別の会社に派ケンされた。

☑ **03** コーチと選手をケン務する。

☑ **04** 目標達成に向けて全力をツくす。

ア 摘
イ 詰
ウ 突
エ 継
オ 尽

☑ **05** 家業の運送業をツぐ。

☑ **06** かばんに荷物をツめる。

☑ **07** 雑事にボウ殺される。

ア 肪
イ 傍
ウ 帽
エ 冒
オ 忙

☑ **08** 二人の議論をボウ観する。

☑ **09** 歌のボウ頭に語りが入る。

頻出度

A

合格点
7/9

1回目
月　日 /9

2回目
月　日 /9

解　答	解　説
オ	首都圏：首都とその周辺の地域のこと。 出例 圏外／圏内／大気圏
イ	派遣：何らかの使命を負わせて、他の地に おもむかせること。
エ	兼務：本務のほかに、別の職務もかねること。また、その職務。 出例 兼任／兼用／兼行
オ	尽くす：あることを成し遂げるために力を 出しきる。すべてを使ってしまう。 出例 尽きる
エ	継ぐ：仕事や地位などを続けて行う。保ち 続ける。
イ	詰める：すき間がないように、ぎっしりと 入れる。 出例 詰まる
オ	忙殺：仕事などに追われて非常にいそがしいこと。 出例 多忙／繁忙
イ	傍観：そのことにかかわり合いにならず、 ただそばで見ていること。 出例 路傍／傍観者／傍受
エ	冒頭：文章の先頭部分のこと。 出例 冒険／感冒

読み

同音・同訓異字

漢字識別

熟語の構成

部首

対義語・類義語

漢字と送りがな

四字熟語

誤字訂正

書き取り

次の＿＿線の**カタカナ**にあてはまる漢字をそれぞれの**ア～オ**から**一つ**選び、**記号**を答えよ。

☑ **01** 犯人は窓から<u>シン</u>入した。

☑ **02** <u>シン</u>食を忘れて働く。

☑ **03** すべらないように雪道を<u>シン</u>重に歩く。

ア	侵
イ	寝
ウ	浸
エ	震
オ	慎

☑ **04** 結婚式を<u>ト</u>り行う。

☑ **05** 洋服のボタンを<u>ト</u>める。

☑ **06** 父が息子に教えを<u>ト</u>く。

ア	溶
イ	説
ウ	留
エ	執
オ	捕

☑ **07** 人々の心が<u>フ</u>敗する。

☑ **08** ダイバーが水面に<u>フ</u>上した。

☑ **09** 電気自動車の<u>フ</u>及率はまだ低い。

ア	普
イ	浮
ウ	腐
エ	怖
オ	膚

合格点	1回目	2回目
7/9	月 日 /9	月 日 /9

読み

同音・同訓異字

漢字識別

熟語の構成

部首

対義語・類義語

漢字と送りがな

四字熟語

誤字訂正

書き取り

解答 / 解説

ア

侵入：他の領域に強制的に入ること。
出例 侵害／侵略／侵攻

イ

寝食：ねることとたべること。日常生活。
出例 就寝／寝具／寝室

オ

慎重：注意深くし、軽々しい行動をとらないこと。

エ

執る：式や祭りなどを行う。執行する。

ウ

留める：固定して離れないようにする。意識を集中する。その場にとどめおく。

イ

説く：話してわからせること。さとすこと。

ウ

腐敗：堕落すること。くさること。
出例 防腐剤／腐食／腐心

イ

浮上：水面にうかび上がること。成績などが上位になること。表面にあらわれること。
出例 浮沈／浮動票／浮力

ア

普及：広く行き渡ること。また、行き渡らせること。
出例 普通

01〜05の三つの□に**共通する漢字**を入れて熟語を作れ。漢字は**ア〜コ**から**一つ**選び、**記号**を答えよ（**06〜10**も同様）。

☑ **01** 敏□・□力・□章

ア	突
イ	馬
ウ	妙
エ	涙
オ	烈
カ	思
キ	躍
ク	度
ケ	腕
コ	脚

☑ **02** 跳□・□動・飛□

☑ **03** 追□・□起・□破

☑ **04** 奇□・□案・微□

☑ **05** 猛□・□火・鮮□

☑ **06** 首□・□行・□翼

ア	種
イ	運
ウ	縁
エ	微
オ	互
カ	触
キ	覚
ク	詳
ケ	尾
コ	逆

☑ **07** □談・額□・□側

☑ **08** 接□・感□・□発

☑ **09** 機□・□細・□妙

☑ **10** □角・交□・相□

解 答　　　　　解 説

ケ	敏腕：物事を正確にすばやく処理する能力があること。 腕力：うでの力。 腕章：行事のときに腕に巻きつけるなどして目印とする布や記章。	読み
キ	跳躍：とび上がること。とびはねること。 躍動：生き生きとおどりうごくこと。 飛躍：飛び上がること。急速に進歩すること。	同音・同訓異字
ア	追突：後ろの乗り物が前の乗り物につき当たること。 突起：高くつき出ること。またそのもの。でっぱり。 突破：困難を打ち破ること。	漢字識別
ウ	奇妙：珍しいこと。変わっていること。 妙案：よい考え、思いつき。すぐれたアイデア。 微妙：趣が深く味わいがあること。細かく複雑なこと。	熟語の構成
オ	猛烈：勢いが激しいこと。程度がはなはだしいこと。 烈火：激しい勢いで燃える火。 鮮烈：あざやかではっきりしているさま。	部首
ケ	首尾：始めと終わり。物事のなりゆき。 尾行：監視などのために、人のあとをつけること。 尾翼：飛行機などの後部にとりつけられたつばさ。	対義語・類義語
ウ	縁談：結婚などの相談。結婚話。 額縁：絵や写真などを入れてかかげるためのわく。 縁側：部屋の外周部に設けられる細長い部分。	漢字と送りがな
カ	接触：近づいてふれること。ふれ合うこと。 感触：他のものにふれたときに得られる感じ。はだざわり。印象。 触発：刺激を受けて意欲などを起こすこと。	四字熟語
エ	機微：表面だけではわからない、かすかな趣や事情。 微細：きわめてこまかいこと。またそのさま。 微妙：趣が深く味わいがあること。細かく複雑なこと。	誤字訂正
オ	互角：両者の力量が同等で差がないこと。 交互：たがいちがいになっていること。 相互：双方で同じ働きかけをすること。おたがい。	書き取り

01〜05の三つの□に**共通する漢字**を入れて熟語を作れ。漢字は**ア〜コ**から**一つ**選び、記号を答えよ（**06〜10**も同様）。

☑ **01** 固□・□念・□行

ア	亡
イ	威
ウ	執
エ	避
オ	脱
カ	養
キ	介
ク	導
ケ	益
コ	辞

☑ **02** 権□・□厳・猛□

☑ **03** 離□・□走・□落

☑ **04** 紹□・□護・□入

☑ **05** 逃□・回□・□暑

☑ **06** □出・□骨・吐□

ア	称
イ	絶
ウ	抜
エ	挙
オ	巡
カ	露
キ	儀
ク	権
ケ	貨
コ	猛

☑ **07** □号・□賛・通□

☑ **08** □礼・行□・流□

☑ **09** 選□・□群・奇□

☑ **10** 勇□・□威・□烈

頻出度

A

合格点
7/10

1回目
　月　日／10

2回目
　月　日／10

解答	解説	
ウ	固執：自分の意見を曲げないこと。「こしゅう」とも。 執念：思い込んでそこから動かない心。 執行：とり行うこと。	
イ	権威：ある分野で抜きんでていると認められていること。 威厳：堂々として、いかめしいこと。 猛威：流行病などの猛烈な勢い。	
オ	離脱：ある状態や、属していたところから抜け出ること。 脱走：捕らえられた場所からぬけ出して逃げること。 脱落：ぬけおちること。集団について行けなくなること。	
キ	紹介：知らない人どうしの間を取りもつこと。 介護：病人や高齢者などの日常の世話をすること。 介入：事件などに他者が割り込んできて関わること。	
エ	逃避：困難をさけ、のがれること。直面した問題を意識しないようにすること。 回避：物事をさけること。危険や面倒な事態をまぬかれようとすること。 避暑：すずしい土地に移って夏の暑さをさけること。	
カ	露出：隠さずにあらわに出ること。出すこと。 露骨：感情などを隠さずに、むき出しにすること。 吐露：心の中で思っていることを、隠さずに言うこと。	
ア	称号：呼び名。とくに身分・資格などを表すもの。 称賛：ほめたたえること。 通称：世間一般に通用している名前。	
キ	儀礼：慣習として形式が整えられている礼法。 行儀：立ち居振る舞い。またその作法。 流儀：物事のやり方。伝承されている手法。	
ウ	選抜：多数の中からよいものをえらびぬくこと。 抜群：多くの中でとくにすぐれ、ぬきんでていること。 奇抜：とっぴで、人の意表をつくこと。	
コ	勇猛：いさましく強いこと。またそのさま。 猛威：流行病などのすさまじい威力。 猛烈：非常に激しいさま。	

読み

同音・同訓異字

漢字識別

熟語の構成

部首

対義語・類義語

漢字と送りがな

四字熟語

誤字訂正

書き取り

漢字識別③

01〜05の三つの□に**共通する漢字**を入れて熟語を作れ。漢字は**ア〜コ**から**一つ**選び、**記号**を答えよ（**06〜10**も同様）。

☑ **01** □章・波□・指□

ア	慢
イ	鋭
ウ	乱
エ	縦
オ	惑
カ	序
キ	鮮
ク	紋
ケ	鼓
コ	恒

☑ **02** □星・困□・迷□

☑ **03** □舞・太□・□笛

☑ **04** 高□・□性・自□

☑ **05** □利・新□・□敏

☑ **06** □第・追□・普□

ア	及
イ	黙
ウ	極
エ	適
オ	婚
カ	求
キ	影
ク	反
ケ	端
コ	密

☑ **07** □秘・□端・□致

☑ **08** □約・□礼・未□

☑ **09** □正・極□・道□

☑ **10** 陰□・□響・□法

合格点
7/10

1回目			2回目		
月	日	/**10**	月	日	/**10**

解 答　　解 説

読 み

ク	紋章：家や団体、国などのしるしとして用いる一定の図形。
	波紋：水面に物が落ちたときなどにできる模様。周囲に次々と与えていく影響。
	指紋：手の指先の腹面にある細い線がつくるもん様。

同音・同訓異字

オ	惑星：太陽の周囲を公転する天体。有望と思われている人物。
	困惑：どうすればよいかわからず迷うこと。
	迷惑：ある行いによって他人に不利益を及ぼすこと。

漢字識別

ケ	鼓舞：人の気持ちをふるい立たせること。
	太鼓：打楽器の一種。
	鼓笛：たいことふえ。

ア	高慢：思い上がって人を見下すこと。
	慢性：治りにくく、経過が長引く病気の性質。
	自慢：自分や自分に関係の深い物事を人に誇ること。

熟語の構成

イ	鋭利：刃物などがするどく、切れ味がよいこと。
	新鋭：新しく勢いがあり、優れていること。また、そのような人。
	鋭敏：感覚がするどいこと。頭の回転が速いこと。

部 首

ア	及第：試験に合格すること。
	追及：責任などを、どこまでも問いただすこと。
	普及：広く行き渡ること。また、行き渡らせること。

対義語・類義語

ウ	極秘：絶対に秘密にすべきこと。
	極端：はなはだしく一方にかたよっていること。
	極致：到達することのできる最高の境地や趣。

漢字と送りがな

オ	婚約：結こんの約束をすること。またその約束。
	婚礼：結こんの儀式。
	未婚：まだ結こんしていないこと。

四字熟語

ケ	端正：姿・形などがきちんとしていること。
	極端：はなはだしく一方にかたよっていること。
	道端：道のはし。

誤字訂正

キ	陰影：暗い部分。物事に含みや趣があること。
	影響：他に力を及ぼし、変化を起こさせること。
	影法：光が当たって地面などにできるかげ。

書き取り

01〜05の三つの□に**共通する漢字**を入れて熟語を作れ。漢字は**ア〜コ**から**一つ**選び、**記号**を答えよ（**06〜10**も同様）。

☑ **01** 支□・□護・応□

ア	章
イ	礼
ウ	屈
エ	蔵
オ	跡
カ	援
キ	却
ク	鑑
ケ	妙
コ	路

☑ **02** 印□・□定・□賞

☑ **03** □下・冷□・退□

☑ **04** □折・□服・□指

☑ **05** □形・遺□・奇□

☑ **06** 暗□・□秘・□認

ア	黙
イ	関
ウ	調
エ	録
オ	照
カ	鮮
キ	互
ク	載
ケ	彩
コ	違

☑ **07** □反・相□・□和

☑ **08** □色・精□・光□

☑ **09** 記□・積□・連□

☑ **10** 新□・□明・□烈

解 答 · 解 説

解答	解説
カ	支援：苦境にある人や団体などに力を貸して助けること。 援護：困っている人を助け守ること。 応援：他の人を手助けすること。
ク	印鑑：はんこ。印判。 鑑定：物の価値などを判定すること。またその判断。 鑑賞：芸術作品のよさを楽しみ、味わうこと。
キ	却下：申請や願い事を受け付けず退けること。 冷却：ひえること。ひやすこと。 退却：しりぞくこと。
ウ	屈折：おれ曲がること。 屈服：相手の力や勢いなどに負けて服従すること。 屈指：多くの中で指をおって数えられるほどにすぐれていること。
オ	跡形：何かが存在していた証拠として残っているしるし。 遺跡：過去の人類がのこした遺物・遺構のある場所。 奇跡：常識で考えられないような不思議な出来事。
ア	暗黙：口に出さずにだまっていること。 黙秘：何も言わずにだまっていること。 黙認：暗黙のうちに許可すること。
コ	違反：法規や協定などに背いて従わないこと。 相違：二つのものが互いにちがっていること。 違和：周りのものとの関係がちぐはぐなこと。
ケ	彩色：色をつけること。いろどり。「さいしょく」とも。 精彩：美しいいろどり。 光彩：きらきらと輝く鮮やかな光。
ク	記載：書類などに必要事項を書き記すこと。 積載：とくに車や船などに物を積み、のせること。 連載：小説や記事を新聞などに連続してのせること。
カ	新鮮：魚や肉、野菜などが新しく生きがよいこと。 鮮明：あざやかではっきりしていること。 鮮烈：あざやかで強烈なさま。

読み

同音・同訓異字

漢字識別

熟語の構成

部首

対義語・類義語

漢字と送りがな

四字熟語

誤字訂正

書き取り

45

熟語の構成のしかたには右の□のようなものがある。次の熟語は□の**ア〜オ**のどれにあたるか、**一つ選び記号**を答えよ。

☑ **01** 栄枯

☑ **02** 未婚

☑ **03** 送迎

☑ **04** 尽力

☑ **05** 遠征

☑ **06** 獲得

☑ **07** 安眠

☑ **08** 不屈

☑ **09** 遅刻

☑ **10** 遊戯

ア 同じような意味の漢字を重ねたもの
（例＝**善良**）

イ 反対または対応の意味を表す字を重ねたもの
（例＝**細大**）

ウ 前の字が後ろの字を修飾しているもの
（例＝**美談**）

エ 後ろの字が前の字の目的語・補語になっているもの
（例＝**点火**）

オ 前の字が後ろの字の意味を打ち消しているもの
（例＝**不当**）

解 答	解 説

イ（反対） 栄枯（えいこ）

栄（える）← 反 → 枯（れる）

オ（打消） 未婚（みこん）

未（否定）×← 打消 婚（結婚）

イ（反対） 送迎（そうげい）

送（る）← 反 → 迎（える）
行く人を送り、来る人を迎えること。

エ（目・補） 尽力（じんりょく）

尽（くす）← 目・補 力（を）
ある目的のために力をつくすこと。

ウ（修飾） 遠征（えんせい）

遠（くまで） 修 → 征（ゆく）
調査や試合などの目的で、遠方へ出かけること。

ア（同じ） 獲得（かくとく）

獲 同 得
どちらも「てにいれる」の意。

ウ（修飾） 安眠（あんみん）

安（らかに） 修 → 眠（る）

オ（打消） 不屈（ふくつ）

不（否定）×← 打消 屈（する）
困難にあっても屈せず意志をつらぬくこと。

エ（目・補） 遅刻（ちこく）

遅（れる）← 目・補 刻（時刻に）
決められた時刻におくれること。

ア（同じ） 遊戯（ゆうぎ）

遊 同 戯
どちらも「あそぶ」の意。

熟語の構成②

熟語の構成のしかたには右の□のようなものがある。次の熟語は□の**ア〜オ**のどれにあたるか、**一つ選び記号**を答えよ。

☑ **01** 到達

☑ **02** 不眠

☑ **03** 不朽

☑ **04** 歌謡

☑ **05** 経緯

☑ **06** 抜群

☑ **07** 禁煙

☑ **08** 波紋

☑ **09** 首尾

☑ **10** 握力

ア 同じような意味の漢字を重ねたもの
（例＝**善良**）

イ 反対または対応の意味を表す字を重ねたもの
（例＝**細大**）

ウ 前の字が後ろの字を修飾しているもの
（例＝**美談**）

エ 後ろの字が前の字の目的語・補語になっているもの
（例＝**点火**）

オ 前の字が後ろの字の意味を打ち消しているもの
（例＝**不当**）

解 答	解 説	
ア（同じ）到達 とうたつ	到 **←同→** 達 どちらも「ゆきつく」の意。	読　み
オ（打消）不眠 ふみん	不（否定）×**←打消** 眠（る）	同音・同訓異字
オ（打消）不朽 ふきゅう	不（否定）×**←打消** 朽（ちる） いつまでも価値をうしなわないこと。後世まで長く残ること。	漢字識別
ア（同じ）歌謡 かよう	歌 **←同→** 謡 どちらも「うた」の意。	熟語の構成
イ（反対）経緯 けいい	経（たて糸）**←反→** 緯（よこ糸） 物事の経過。入りくんだ事情。	部　首
エ（目・補）抜群 ばつぐん	抜（きんてる）**←目・補** 群（多数の中で） 多くの中でとくにすぐれ、抜きんでていること。	対義語・類義語
エ（目・補）禁煙 きんえん	禁（止する）**←目・補** 煙（たばこを吸うことを）	漢字と送りがな
ウ（修飾）波紋 はもん	波（の）**修→** 紋（模様） 周囲に次々と与えていく影響。	四字熟語
イ（反対）首尾 しゅび	首（初め）**←反→** 尾（終わり） 始めと終わり。物事のなりゆき。	誤字訂正
ウ（修飾）握力 あくりょく	握（る）**修→** 力 物をにぎりしめる力。	書き取り

熟語の構成のしかたには右の□のようなものがある。次の熟語は□のア〜オのどれにあたるか、**一つ**選び記号を答えよ。

□ **01** 不 振

□ **02** 賞 罰

□ **03** 援 助

□ **04** 即 答

□ **05** 雌 雄

□ **06** 無 尽

□ **07** 恩 恵

□ **08** 拍 手

□ **09** 製 菓

□ **10** 瞬 間

ア 同じような意味の漢字を重ねたもの
（例＝**善良**）

イ 反対または対応の意味を表す字を重ねたもの
（例＝**細大**）

ウ 前の字が後ろの字を修飾しているもの
（例＝**美談**）

エ 後ろの字が前の字の目的語・補語になっているもの
（例＝**点火**）

オ 前の字が後ろの字の意味を打ち消しているもの
（例＝**不当**）

解 答	解 説

オ（打消）　不振　ふしん

不(否定)×←打消　振(盛んになる)
勢いや成績などがふるわないこと。

イ（反対）　賞罰　しょうばつ

賞(ほめる)←反→罰(をあたえる)

ア（同じ）　援助　えんじょ

援　同　助
どちらも「たすける」の意。

ウ（修飾）　即答　そくとう

即(すぐに)　修→答(える)

イ（反対）　雌雄　しゆう

雌(めす)←反→雄(おす)

オ（打消）　無尽　むじん

無(否定)×←打消　尽(きる)

ア（同じ）　恩恵　おんけい

恩　同　恵
どちらも「めぐみ」の意。

エ（目・補）　拍手　はくしゅ

拍(うつ)←目・補　手(を)

エ（目・補）　製菓　せいか

製(造する)←目・補　菓(子を)

ウ（修飾）　瞬間　しゅんかん

瞬(またたく)　修→間(時間)

読み／同音・同訓異字／漢字識別／熟語の構成／部首／対義語・類義語／漢字と送りがな／四字熟語／誤字訂正／書き取り

熟語の構成④

熟語の構成のしかたには右の□のようなものがある。次の熟語は□の**ア～オ**のどれにあたるか、**一つ選び記号**を答えよ。

☑ **01** 陰 陽

☑ **02** 光 輝

☑ **03** 曇 天

☑ **04** 不 慮

☑ **05** 是 非

☑ **06** 未 踏

☑ **07** 弾 力

☑ **08** 避 暑

☑ **09** 越 境

☑ **10** 比 較

ア 同じような意味の漢字を重ねたもの
（例＝**善良**）

イ 反対または対応の意味を表す字を重ねたもの
（例＝**細大**）

ウ 前の字が後ろの字を修飾しているもの
（例＝**美談**）

エ 後ろの字が前の字の目的語・補語になっているもの
（例＝**点火**）

オ 前の字が後ろの字の意味を打ち消しているもの
（例＝**不当**）

解　答	解　説

イ（反対）　陰陽（いんよう）

陰（かげ）←反→陽（ひなた）

ア（同じ）　光輝（こうき）

光　＝同＝　輝
どちらも「ひかる」の意。

ウ（修飾）　曇天（どんてん）

曇（った）　修→　天（空模様）

オ（打消）　不慮（ふりょ）

不（否定）×←打消　慮（考えをめぐらす）

イ（反対）　是非（ぜひ）

是（よいこと）←反→非（わるいこと）
よいことと悪いこと。是と非。

オ（打消）　未踏（みとう）

未（否定）×←打消　踏（み入れる）

ウ（修飾）　弾力（だんりょく）

弾（む）　修→　力
はね返す力。はずむ力。

エ（目・補）　避暑（ひしょ）

避（ける）←目・補　暑（さを）
すずしい土地に移って夏の暑さをさけること。

エ（目・補）　越境（えっきょう）

越（える）←目・補　境（地域の区切りを）
境界線、とくに国境を越えること。

ア（同じ）　比較（ひかく）

比　＝同＝　較
どちらも「くらべる」の意。

読み　同音・同訓異字　漢字識別　熟語の構成　部首　対義語・類義語　漢字と送りがな　四字熟語　誤字訂正　書き取り

部首①

次の漢字の**部首**を**ア〜エ**から**一つ**選び、**記号**で答えよ。

☐ **01** 是 | ア 口 | イ 日 | ウ 疋 | エ 一

☐ **02** 盆 | ア ハ | イ 刀 | ウ 一 | エ 皿

☐ **03** 蓄 | ア 玄 | イ 艹 | ウ 田 | エ ム

☐ **04** 慮 | ア 虍 | イ 田 | ウ 厂 | エ 心

☐ **05** 戯 | ア 厂 | イ 弋 | ウ 丶 | エ 戈

☐ **06** 雌 | ア ヒ | イ 止 | ウ ノ | エ 隹

☐ **07** 尾 | ア し | イ 尸 | ウ ノ | エ 毛

☐ **08** 剤 | ア 文 | イ 丨 | ウ 亠 | エ リ

☐ **09** 堅 | ア 又 | イ 土 | ウ 十 | エ 臣

☐ **10** 敏 | ア 毋 | イ 一 | ウ 攵 | エ ノ

☐ **11** 療 | ア 疒 | イ 亠 | ウ 日 | エ 小

☐ **12** 影 | ア 彡 | イ 小 | ウ 口 | エ 日

☐ **13** 衛 | ア 行 | イ 口 | ウ 彳 | エ 丨

☐ **14** 需 | ア 冖 | イ 雨 | ウ 而 | エ 冂

☐ **15** 載 | ア 戈 | イ 土 | ウ 丶 | エ 車

合格点	1回目	2回目	
11/15	月　日 /**15**	月　日 /**15**	

読み

同音・同訓異字

漢字識別

熟語の構成

部首

対義語・類義語

漢字と送りがな

四字熟語

誤字訂正

書き取り

解答 ・ 解 説

イ
日：ひ
出例 曇／暦／暴／普もよく出る

エ
皿：さら
出例 盗／盤／監／盛もよく出る

イ
艹：くさかんむり
出例 薪／菓／蒸／著もよく出る

エ
心：こころ
出例 惑／恋／憲／恵もよく出る

エ
戈：ほこづくり　ほこがまえ
出例 戒／我／戦／成もよく出る

エ
隹：ふるとり
出例 離／雅／雄／雑もよく出る

イ
尸：かばね　しかばね
出例 屈／屋／層／属もよく出る

エ
刂：りっとう
出例 劇／刺／剣／刊もよく出る

イ
土：つち
出例 壁／執／報／垂もよく出る

ウ
攵：のぶん　ぼくづくり
出例 敷／敬／攻／敵もよく出る

ア
疒：やまいだれ
出例 疲／痛もよく出る

ア
彡：さんづくり
出例 彩もよく出る

ア
行：ぎょうがまえ　ゆきがまえ
出例 術／街もよく出る

イ
雨：あめかんむり
出例 露／震／霧／雷もよく出る

エ
車：くるま
出例 輩／輝／軍もよく出る

次の漢字の**部首**を**ア〜エ**から**一つ**選び、**記号**で答えよ。

☑ **01** 奥　　ア 米　イ 大　ウ ハ　エ 十

☑ **02** 突　　ア 大　イ 穴　ウ 人　エ 宀

☑ **03** 勧　　ア ノ　イ 隹　ウ 力　エ 二

☑ **04** 煮　　ア 土　イ 日　ウ 灬　エ ノ

☑ **05** 裁　　ア 衣　イ 戈　ウ 丶　エ 土

☑ **06** 趣　　ア 又　イ 耳　ウ 土　エ 走

☑ **07** 傾　　ア ハ　イ イ　ウ ヒ　エ 頁

☑ **08** 脚　　ア 士　イ 月　ウ 卩　エ ム

☑ **09** 微　　ア 山　イ 夂　ウ イ　エ 彳

☑ **10** 翼　　ア ハ　イ 羽　ウ 二　エ 田

☑ **11** 朱　　ア 二　イ 木　ウ ノ　エ 丨

☑ **12** 項　　ア 頁　イ ハ　ウ エ　エ 目

☑ **13** 含　　ア 人　イ 一　ウ ノ　エ 口

☑ **14** 盾　　ア 目　イ ノ　ウ 厂　エ 十

☑ **15** 隠　　ア ノ　イ 阝　ウ 心　エ 宀

解答	解説
イ	大：だい 出例 奇／奮／央もよく出る
イ	宀：あなかんむり 出例 窓／究もよく出る
ウ	力：ちから 出例 劣／勉／勤／務もよく出る
ウ	灬：れんが　れっか 出例 烈／照もよく出る
ア	衣：ころも 出例 裏／襲もよく出る
エ	走：そうにょう 出例 越もよく出る
イ	亻：にんべん 出例 倒／健／伺／僧もよく出る
イ	月：にくづき 出例 腰／腕／脂／脱もよく出る
エ	彳：ぎょうにんべん 出例 御／徴／復もよく出る
イ	羽：はね 出例 翌もよく出る
イ	木：き 出例 柔／楽／束もよく出る
ア	頁：おおがい 出例 顔／額／類もよく出る
エ	口：くち 出例 善／員／商／命もよく出る
ア	目：め 出例 看／真／直もよく出る
イ	阝：こざとへん 出例 隣／陣もよく出る

読み／同音・同訓異字／漢字識別／熟語の構成／**部首**／対義語・類義語／漢字と送りがな／四字熟語／誤字訂正／書き取り

次の漢字の**部首**を**ア～エ**から**一つ**選び、**記号**で答えよ。

□ 01	珍	ア 人	イ 彡	ウ 王	エ 十
□ 02	威	ア 戈	イ 厂	ウ 丶	エ 女
□ 03	箇	ア 𥫗	イ 口	ウ 口	エ 十
□ 04	避	ア 十	イ 辛	ウ 口	エ 辶
□ 05	床	ア 广	イ 厂	ウ 宀	エ 木
□ 06	却	ア 土	イ 二	ウ 卩	エ ム
□ 07	畳	ア 田	イ 冖	ウ 目	エ 十
□ 08	壊	ア 土	イ 衣	ウ 罒	エ 十
□ 09	殿	ア 又	イ 几	ウ 殳	エ 尸
□ 10	誉	ア 八	イ ⺍	ウ 言	エ 口
□ 11	壱	ア 冖	イ 士	ウ 十	エ ヒ
□ 12	紫	ア 小	イ 糸	ウ ヒ	エ 止
□ 13	罰	ア 刂	イ 口	ウ 言	エ 罒
□ 14	噴	ア 八	イ 貝	ウ 十	エ 口
□ 15	扇	ア 羽	イ 戸	ウ 一	エ 尸

合格点	1回目	2回目
11/15	月　日　/**15**	月　日　/**15**

解 答	解 説
ウ	王：おうへん　たまへん **出例** 環もよく出る
エ	女：おんな **出例** 委／姿もよく出る
ア	⺮：たけかんむり **出例** 範もよく出る
エ	⻌：しんにょう　しんにゅう **出例** 透／遅／途／迷もよく出る
ア	广：まだれ **出例** 座／府／康もよく出る
ウ	卩：わりふ　ふしづくり **出例** 即もよく出る
ア	田：た **出例** 番／畜／由もよく出る
ア	土：つちへん **出例** 塔／域／境／堤もよく出る
ウ	殳：るまた　ほこづくり **出例** 殺／段もよく出る
ウ	言：げん **出例** 警もよく出る
イ	士：さむらい
イ	糸：いと **出例** 繁もよく出る
エ	罒：あみがしら　あみめ　よこめ **出例** 署もよく出る
エ	口：くちへん **出例** 吹もよく出る
イ	戸：とだれ　とかんむり

読み　同音・同訓異字　漢字識別　熟語の構成　部首　対義語・類義語　漢字と送りがな　四字熟語　誤字訂正　書き取り

59

対義語・類義語①

右の□内のひらがなを一度だけ使い、漢字**一字**に直して□に入れ、**対義語・類義語**を作れ。

対義語

☑ **01** 誕生 ↔ 永□

☑ **02** 返却 ↔ □用

☑ **03** 繁雑 ↔ 簡□

☑ **04** 反抗 ↔ 服□

☑ **05** 高雅 ↔ □俗

類義語

☑ **06** 釈明 = □解

☑ **07** 屈指 = 抜□

☑ **08** 前途 = □来

☑ **09** 不朽 = □遠

☑ **10** 用心 = □戒

えい
ぐん
けい
しゃく
じゅう
しょう
てい
べん
みん
りゃく

解答	解説
えいみん **永眠**	誕生：生まれること。 永眠：ずっと眠りにつくこと。死ぬこと。 出例　生誕 ↔ 永眠
しゃくよう **借用**	返却：かりた物や預かった物を返すこと。 借用：金銭や物などを、かりて使うこと。 出例　返済 ↔ 借用
かんりゃく **簡略**	繁雑：物事が多くてごたごたしていること。 簡略：細かいことは省き、手短かにすること。 出例　詳細 ↔ 簡略
ふくじゅう **服従**	反抗：年長者や権力にさからうこと。 服従：他の意志や命令につきしたがうこと。 出例　抵抗 ↔ 服従
ていぞく **低俗**	高雅：気高く、みやびやかなさま。 低俗：下品で程度がひくいこと。 出例　優雅 ↔ 低俗
べんかい **弁解**	釈明：誤解や非難などに対して、自分の立場 　　　や事情を説明して理解を求めること。 弁解：言いのがれをすること。言い訳。
ばつぐん **抜群**	屈指：指をおって数えられるほどにすぐれていること。 抜群：多くの中で抜きんでていること。 出例　非凡 ＝ 抜群
しょうらい **将来**	前途：未来。行き先。 将来：これから先。 出例　未来 ＝ 将来
えいえん **永遠**	不朽：いつまでも価値を失わないこと。 永遠：果てしなく続くこと。 出例　恒久 ＝ 永遠
けいかい **警戒**	用心：万一に備えてあらかじめ注意すること。 警戒：危険などに備えて、用心すること。 出例　注意 ＝ 警戒

読み

同音・同訓異字

漢字識別

熟語の構成

部首

対義語・類義語

漢字と送りがな

四字熟語

誤字訂正

書き取り

61

対義語・類義語②

右の□内のひらがなを一度だけ使い、漢字**一字**に直して□に入れ、**対義語・類義語**を作れ。

対義語

☑ **01** 徴収 ↔ □入

☑ **02** 定期 ↔ □時

☑ **03** 保守 ↔ □新

☑ **04** 希薄 ↔ 濃□

☑ **05** 受理 ↔ □下

類義語

☑ **06** 長者 ＝ □豪

☑ **07** 反撃 ＝ □襲

☑ **08** 根底 ＝ □盤

☑ **09** 本気 ＝ 真□

☑ **10** 専有 ＝ 独□

かく

き

ぎゃく

きゃっ

けん

せん

のう

ふ

みつ

りん

解　答	解　説
納入 （のうにゅう）	徴収：金銭などを取り立てること。 納入：金銭や品物をおさめること。
臨時 （りんじ）	定期：期間や期限があらかじめ定まっていること。 臨時：定まった時でなく、その時々の必要に応じて行うこと。 出例 定例 ↔ 臨時
革新 （かくしん）	保守：旧来の伝統などを尊重し、守ろうとすること。 革新：旧来の制度などを新しくすること。
濃密 （のうみつ）	希薄：気持ちや意欲が弱いこと。 濃密：中身がこいこと。 出例 淡泊 ↔ 濃密
却下 （きゃっか）	受理：受け付けること。 却下：申請や願い事を受け付けず退けること。差しもどすこと。
富豪 （ふごう）	長者：年上の人。徳のすぐれた人。金持ち。 富豪：大金持ち。
逆襲 （ぎゃくしゅう）	反撃：攻めてくる敵を反対に攻め返すこと。 逆襲：攻撃されていた者が、反対に攻撃に転じること。
基盤 （きばん）	根底：おおもととなる考え方。 基盤：物事の土台となるもののこと。 出例 土台 ＝ 基盤
真剣 （しんけん）	本気：まじめで本当の気持ち。 真剣：まじめに物事に取り組むさま。
独占 （どくせん）	専有：一人だけが所有すること。 独占：自分一人の物にすること。

読み　同音・同訓異字　漢字識別　熟語の構成　部首　対義語・類義語　漢字と送りがな　四字熟語　誤字訂正　書き取り

右の□内のひらがなを一度だけ使い、漢字**一字**に直して□に入れ、**対義語・類義語**を作れ。

対義語

☑ **01** 開放 ↔ 閉□

☑ **02** 離脱 ↔ □加

☑ **03** 軽率 ↔ 慎□

☑ **04** 濁流 ↔ □流

☑ **05** 消費 ↔ □蓄

類義語

☑ **06** 不意 = □然

☑ **07** 対等 = □角

☑ **08** 手本 = 模□

☑ **09** 巨木 = 大□

☑ **10** 考慮 = 思□

あん
ご
さ
さん
じゅ
せい
ちょ
ちょう
とつ
はん

解答　　解説

閉鎖（へいさ）
開放：戸や窓をあけはなつこと。
閉鎖：出入り口などをとじること。施設などをとじて、活動を停止すること。

参加（さんか）
離脱：ある状態や、属していたところから抜け出ること。
参加：行事や団体などに加わり、行動をともにすること。

慎重（しんちょう）
軽率：注意深く考えずに軽々しく行動すること。
慎重：注意深くし、軽々しい行動をとらないこと。

清流（せいりゅう）
濁流：にごった水の流れ。
清流：きよらかな水の流れ。

貯蓄（ちょちく）
消費：目的のためにお金・物や時間などを使うこと。
貯蓄：財貨をためること。

突然（とつぜん）
不意：思いがけないこと。だしぬけ。
突然：予想外の出来事が急に起こるさま。いきなり。

互角（ごかく）
対等：二つの物事、二人の間に差がないこと。
互角：両者の力量が同等で差がないこと。

模範（もはん）
手本：習うときの例とする字や絵などのかいてある本。見習うべき人や物事。
模範：見習うべき手本のこと。

大樹（たいじゅ）
巨木：大きな木。
大樹：大きな木。しっかりとしたもののたとえ。

思案（しあん）
考慮：いろいろな要素を考え合わせること。
思案：あれこれとおもいめぐらすこと。

対義語・類義語④

右の□内のひらがなを一度だけ使い、漢字**一字**に直して□に入れ、**対義語・類義語**を作れ。

対義語

☑ **01** 親切 ↔ □淡

☑ **02** 需要 ↔ 供□

☑ **03** 一致 ↔ □違

☑ **04** 柔和 ↔ 凶□

☑ **05** 回避 ↔ 直□

類義語

☑ **06** 及第 ＝ 合□

☑ **07** 熱狂 ＝ 興□

☑ **08** 備蓄 ＝ 貯□

☑ **09** 加勢 ＝ 応□

☑ **10** 看護 ＝ □抱

えん
かい
かく
きゅう
そう
ぞう
ふん
ぼう
めん
れい

合格点 **7**/10 ｜ 1回目 月 日 /**10** ｜ 2回目 月 日 /**10**

解答 ｜ 解説

読み

同音・同訓異字

漢字識別

熟語の構成

部首

対義語・類義語

漢字と送りがな

四字熟語

誤字訂正

書き取り

解答	解説
<ruby>冷淡<rt>れいたん</rt></ruby>	親切：思いやりを持って人のためにつくすこと。 冷淡：思いやりや同情心のないこと。
<ruby>供給<rt>きょうきゅう</rt></ruby>	需要：求めること。また、そのもの。ある商品に対する、こう買力に裏付けられた欲求。 供給：必要に応じて物品を提供すること。
<ruby>相違<rt>そうい</rt></ruby>	一致：二つの物に違いがなく、ぴったり合うこと。 相違：二つのものが互いに違っていること。
<ruby>凶暴<rt>きょうぼう</rt></ruby>	柔和：性質や態度がやさしく、やわらかいこと。❌じゅうわ 凶暴：残忍で乱暴なこと。 **出例** 温和 ↔ 凶暴
<ruby>直面<rt>ちょくめん</rt></ruby>	回避：物事にぶつからないように、さけること。危険や面倒な事態をまぬかれようとすること。 直面：直接に物事に対すること。**出例** 逃避 ↔ 直面
<ruby>合格<rt>ごうかく</rt></ruby>	及第：試験に受かること。 合格：入学試験などに受かること。特定の条件・資格に合うこと。
<ruby>興奮<rt>こうふん</rt></ruby>	熱狂：異常に気持ちが高ぶり、熱中すること。 興奮：感情が高ぶること。
<ruby>貯蔵<rt>ちょぞう</rt></ruby>	備蓄：万一にそなえてたくわえておくこと。 貯蔵：たくわえておくこと。
<ruby>応援<rt>おうえん</rt></ruby>	加勢：自分の力を貸して他人を助けること。 応援：はげましたりして手助けすること。
<ruby>介抱<rt>かいほう</rt></ruby>	看護：病人・けが人などの手当てをしたり、世話をしたりすること。 介抱：病人などの世話をすること。

対義語・類義語⑤

右の□内のひらがなを一度だけ使い、漢字**一字**に直して□に入れ、**対義語・類義語**を作れ。

対義語

☑ **01** 警戒 ↔ □断

☑ **02** 航行 ↔ □泊

☑ **03** 加熱 ↔ 冷□

☑ **04** 中止 ↔ □続

☑ **05** 敏感 ↔ □感

類義語

☑ **06** 対照 ＝ 比□

☑ **07** 大樹 ＝ □木

☑ **08** 地道 ＝ □実

☑ **09** 同等 ＝ □敵

☑ **10** 無視 ＝ □殺

かく
きゃく
きょ
けい
けん
てい
どん
ひっ
もく
ゆ

解 答	解 説	

油断
ゆだん

警戒：危険などに備えて、用心すること。
けいかい

油断：高をくくって注意をおこたること。
ゆだん

停泊
ていはく

航行：船や航空機が航路を行くこと。
こうこう

停泊：船がいかりを下ろして止まること。
ていはく

冷却
れいきゃく

加熱：物に熱を加えること。
かねつ

冷却：ひえること。ひやすこと。
れいきゃく

継続
けいぞく

中止：途中で止めること。また、計画を取りやめにすること。
ちゅうし

継続：以前からの状態や、していたことがそのまま続くこと。また、続けること。**出例** 中断 ↔ 継続
けいぞく

鈍感
どんかん

敏感：感覚がするどいこと。
びんかん

鈍感：気のきかないこと。また、そのさま。
どんかん

比較
ひかく

対照：お互いにつり合って保っていること。
たいしょう

比較：二つ以上のものをくらべること。
ひかく

巨木
きょぼく

大樹：大きな木。
たいじゅ

巨木：大きな木。
きょぼく

堅実
けんじつ

地道：地味でまじめなこと。また、そのさま。
じみち

堅実：手がたく確実なこと。また、そのさま。
けんじつ

匹敵
ひってき

同等：等級や程度などが同じであること。
どうとう

匹敵：能力や価値などが、ちょうど同じくらいであること。
ひってき

黙殺
もくさつ

無視：存在するものをないように扱うこと。
むし

黙殺：無視して取り合わないこと。
もくさつ

右の□内のひらがなを一度だけ使い、漢字**一字**に直して□に入れ、**対義語・類義語**を作れ。

対義語

☑ **01** 沈殿 ↔ □遊

☑ **02** 脱退 ↔ 加□

☑ **03** 就寝 ↔ 起□

☑ **04** 悲嘆 ↔ 歓□

☑ **05** 破壊 ↔ 建□

類義語

☑ **06** 健康 = □夫

☑ **07** 可否 = □非

☑ **08** 脈絡 = □道

☑ **09** 閉口 = □惑

☑ **10** 本気 = □剣

き
こん
しょう
じょう
しん
すじ
ぜ
せつ
ふ
めい

70

解答 / 解説

解答	解説
浮遊 （ふ ゆう）	沈殿：液体の中の微小固体が底に沈んでたまること。 浮遊：うかんでただようこと。
加盟 （か めい）	脱退：所属団体などから抜けること。 加盟：団体や組織などに一員として加わること。 **出例** 離脱 ↔ 加盟
起床 （き しょう）	就寝：眠りにつくこと。ふとんなどに入ること。 起床：ふとんなどから起き出すこと。
歓喜 （かん き）	悲嘆：かなしみ、なげくこと。 歓喜：非常によろこぶこと。
建設 （けん せつ）	破壊：うちこわすこと。こわれること。 建設：建物や組織などを新たにつくること。
丈夫 （じょう ぶ）	健康：体の状態。体に悪いところがなく、元気なこと。考え方が正常なこと。 丈夫：健康であること。元気なさま。物が壊れにくいこと。
是非 （ぜ ひ）	可否：よいことと悪いこと。賛成と反対。 是非：いいか悪いかを論じること。
筋道 （すじ みち）	脈絡：物事の必然的なつながり。すじみち。 筋道：物事の道理。物事を行う際の順序。
困惑 （こん わく）	閉口：自分の力ではどうしようもなく、こまること。 困惑：どうすればよいかわからず迷うこと。
真剣 （しん けん）	本気：まじめで本当の気持ち。 真剣：まじめに物事に取り組むさま。

右の□内のひらがなを一度だけ使い、漢字**一字**に直して□に入れ、**対義語・類義語**を作れ。

対義語

☑ 01 逃走 ↔ □跡

☑ 02 油断 ↔ 警□

☑ 03 大要 ↔ 詳□

☑ 04 凶作 ↔ □作

☑ 05 不振 ↔ 好□

類義語

☑ 06 支度 = □備

☑ 07 近隣 = 周□

☑ 08 守備 = □御

☑ 09 縁者 = 親□

☑ 10 道端 = □傍

かい
さい
じゅん
ちょう
つい
へん
ほう
ぼう
るい
ろ

解答 / 解説

解答	解説
追跡（ついせき）	逃走：逃げ去ること。 追跡：逃げる者のあとを追うこと。物事の経過をたどること。 出例 逃亡 ↔ 追跡
警戒（けいかい）	油断：高をくくって注意をおこたること。 警戒：危険などに備えて、用心すること。
詳細（しょうさい）	大要：だいたいの要点。あらまし。 詳細：細部にわたって詳しいこと。詳しい事情。 出例 簡略 ↔ 詳細
豊作（ほうさく）	凶作：農作物のできがとても悪いこと。 豊作：農作物の収穫が多いこと、できがよいこと。
好調（こうちょう）	不振：勢いや成績などがふるわないこと。 好調：調子や景気などがいいこと。また、そのさま。
準備（じゅんび）	支度：必要なものをそろえておくこと。 準備：前もって整えておくこと。 出例 用意 = 準備
周辺（しゅうへん）	近隣：ごく近いあたり。隣近所。 周辺：あるものをとりまいている部分。
防御（ぼうぎょ）	守備：攻撃に備えて守ること。 防御：ふせぎ守ること。
親類（しんるい）	縁者：縁続きの人。親戚。 親類：血族と姻族。血縁や婚姻などでつながっている人。
路傍（ろぼう）	道端：道のはし。道路そのもの。 路傍：道のかたわら。

対義語・類義語⑧

右の□内のひらがなを一度だけ使い、漢字**一字**に直して□に入れ、**対義語・類義語**を作れ。

対義語

□ 01 閉鎖 ↔ 開□

□ 02 複雑 ↔ 単□

□ 03 兼業 ↔ □業

□ 04 巨大 ↔ 微□

□ 05 追跡 ↔ 逃□

類義語

□ 06 精進 ＝ □力

□ 07 対等 ＝ 互□

□ 08 手柄 ＝ 功□

□ 09 専有 ＝ □占

□ 10 手本 ＝ □範

かく
さい
じゅん
せき
せん
ど
どく
ほう
ぼう
も

解答	解説
開放 （かいほう）	閉鎖：出入り口などをとじること。施設などをとじて、活動を停止すること。 開放：戸や窓を開けはなつこと。
単純 （たんじゅん）	複雑：物事の事情や関係、構造などが込み入っていること。 単純：構造や考え方が込み入っていないこと。
専業 （せんぎょう）	兼業：本業以外に事業や仕事を兼ね行うこと。 専業：一つの職業・事業に従事すること。
微細 （びさい）	巨大：非常に大きいこと。 微細：きわめてこまかいこと。またそのさま。
逃亡 （とうぼう）	追跡：逃げる者のあとを追うこと。物事の経過をたどること。 逃亡：にげて姿を隠すこと。
努力 （どりょく）	精進：仏道修行に専心すること。懸命に努力すること。 努力：力を尽くして励むこと。つとめ励むこと。
互角 （ごかく）	対等：二つの物事、二人の間に差がないこと。 互角：両者の力量が同等で差がないこと。
功績 （こうせき）	手柄：りっぱな働き。 功績：すぐれた働きや成果。 出例　功労 ＝ 功績
独占 （どくせん）	専有：一人だけが所有すること。 独占：自分一人の物にすること。
模範 （もはん）	手本：習うときの例とする字や絵などがかいてある本。見習うべき人や物事。 模範：見習うべきもの。手本となるもの。

右側：読み／同音・同訓異字／漢字識別／熟語の構成／部首／対義語・類義語／漢字と送りがな／四字熟語／誤字訂正／書き取り

75

次の____線の**カタカナ**を**漢字一字**と**送りがな（ひらがな）**に直せ。 質問に<u>コタエル</u>。 答える

☑ **01** <u>スグレ</u>た機能とデザイン性をもつ。

☑ **02** 弟子に免^{めん}許皆伝を<u>サズケル</u>。

☑ **03** 説教がいつ<u>ハテル</u>ともなく続く。

☑ **04** 鳥がエサを<u>チラカシ</u>ながら食べる。

☑ **05** 雨が続き完成が<u>アヤブマ</u>れる。

☑ **06** お菓子のかけらにアリが<u>ムラガル</u>。

☑ **07** 会社の近くに部屋を<u>カリル</u>。

☑ **08** 事実に<u>モトヅイ</u>て結果を推理する。

☑ **09** <u>カロヤカナ</u>足どりで歩く。

☑ **10** 家に帰ってシャワーを<u>アビル</u>。

合格点	1回目		2回目	
7/10	月 日	/10	月 日	/10

解 答　　解 説

優れ	優れる：他よりもまさっている。ぬきんでている。 **出例** 優しい
授ける	授ける：神仏や目上の人から大切なものを与えられる。 **出例** 授かる **音読** ジュ
果てる	果てる：続いていたことが尽きてなくなる。終わる。最後まで行き着く。 **音読** カ
散らかし	散らかす：物をあたり一面に乱雑に置く。整理されていない状態にする。 **出例** 散らす
危ぶま	危ぶむ：望んだ結果にならないか心配する。 **出例** 危うい／危ない
群がる	群がる：多くの人や動物が一か所に集まる。むれをなす。✕群らがる **出例** 群れる **音読** グン
借りる	借りる：あとで返す約束で、他人の物を自分のために使う。助力を受ける。 **音読** シャク
基づい	基づく：起因する。よりどころにする。
軽やかな	軽やかだ：テンポがよいさま。らくらくと気持ちよく行動するさま。 **出例** 軽やかに
浴びる	浴びる：注がれたものを上から体に受ける。 **出例** 浴びせる

次の＿＿線の**カタカナ**を**漢字一字**と**送りがな（ひらがな）**に直せ。　質問に<u>コタエル</u>。 答える

☑ **01** 交通費は往復で千円あれば<u>タリル</u>。

☑ **02** 将来性<u>ユタカナ</u>青年だ。

☑ **03** 今後の進路について頭を<u>ナヤマス</u>。

☑ **04** 大量の野菜を<u>クサラセ</u>てしまった。

☑ **05** のど元<u>スギレ</u>ば熱さを忘れる。

☑ **06** 口を固く<u>トザシ</u>てしまった。

☑ **07** 生活態度を<u>アラタメル</u>。

☑ **08** 墓前に花を<u>ソナエル</u>。

☑ **09** 近所の公園に野鳥が<u>オトズレル</u>。

☑ **10** 将来は教師を<u>ココロザシ</u>ている。

解答	解説
足りる	足_たりる：何かをするために、それで間に合う。必要な物が十分にある。 **音読** ソク
豊かな	豊_{ゆた}かだ：恵まれているさま。不足のないさま。おおらかなさま。余りのあるさま。豊満。
悩ます	悩_{なや}ます：苦しみ。思いなやむ。
腐らせ	腐_{くさ}らす：腐敗させる。やる気をなくさせる。 **出例** 腐る
過ぎれ	過_すぎる：時間がすぎ去る。ある場所を通りすぎる。
閉ざし	閉_とざす：中に入れて外部と切り離す。門や戸をしめて錠_{じょう}を下ろす。
改める	改_{あらた}める：見直してよくする。新しくする。 **✕**改ためる **音読** カイ
供える	供_{そな}える：神仏や貴人などに物をささげる。 **音読** キョウ・ク㊎
訪れる	訪_{おとず}れる：ある場所や人のところへ行く。季節などがやってくる。**✕**訪ずれる **音読** ホウ
志し	志_{こころざ}す：進むべき目標を心に決める。心がそちらに向く。

次の＿＿線の**カタカナ**を**漢字一字**と**送りがな（ひらがな）**に直せ。　質問に**コタエル**。 答える

☑ **01** ボールが坂道を<u>コロガル</u>。

☑ **02** 日本代表チームを<u>ヒキイル</u>。

☑ **03** 親友の本心を<u>タシカメル</u>。

☑ **04** 二本の直線が垂直に<u>マジワル</u>。

☑ **05** 大学に新学部を<u>モウケル</u>。

☑ **06** 音楽室には防音装置が<u>ソナワッテ</u>いる。

☑ **07** 五人の子どもを<u>ヤシナウ</u>。

☑ **08** 来年も良い年であることを<u>ノゾム</u>。

☑ **09** ひたすら<u>ケワシイ</u>山道を登る。

☑ **10** <u>ナレル</u>までには時間がかかる。

解答	解説
転がる	転(ころ)がる：回りながら進む。立っていたものが倒れる。ころげる。 音読 テン
率いる	率(ひき)いる：引き連れていく。統率する。従えて行く。 音読 ソツ㊥・リツ
確かめる	確(たし)かめる：調べたり念を押したりして間違いがないかどうかはっきりさせる。✖確める 音読 カク
交わる	交(まじ)わる：交差する。混じり合う。交際する。 音読 コウ
設ける	設(もう)ける：建物や機関などをつくる。前もって準備をする。 音読 セツ
備わって	備(そな)わる：必要なものが整っている。 出例 備(そな)える
養う	養(やしな)う：子どもを育てる。家族の生活の面倒をみる。動物を育てる。 ✖養なう　音読 ヨウ
望む	望(のぞ)む：そうあってほしいと思う。遠くをながめる。
険しい	険(けわ)しい：山などの傾斜が急で、登るのが困難。言葉や表情などがとげとげしい。 音読 ケン
慣れる	慣(な)れる：長くその状態に置かれたり、たびたび経験したりして、通常のことになる。 音読 カン

文中の**四字熟語**の＿＿線の**カタカナ**を**漢字一字**に直せ。

☑ **01** 是ヒ善悪の判断力がない。

☑ **02** 作文には**起承テン結**が大切だ。

☑ **03** 合格の知らせに**狂喜ラン舞**する。

☑ **04** 犯罪グループを**一網ダ尽**にする。

☑ **05** **山紫水メイ**の地に遊ぶ。

☑ **06** 今後の展開は**五リ霧中**の状態だ。

☑ **07** **七ナン八苦**を乗り越えて成長する。

☑ **08** 健康のため、**ズ寒足熱**を心がける。

☑ **09** 腕を組んで**沈思黙コウ**する。

☑ **10** **ホウ年満作**を感謝する神事を行う。

解答　　　　　解説

| 読み | 同音・同訓異字 | 漢字識別 | 熟語の構成 | 部首 | 対義語・類義語 | 漢字と送りがな | 四字熟語 | 誤字訂正 | 書き取り |

是非善悪（ぜひぜんあく）

物事のよしあし。
出例　「是／善」も問われる
類義語　是非曲直／理非曲直

起承転結（きしょうてんけつ）

文章の構成法（「起」で始まり「承」で受け、「転」で変化を出し「結」でしめくくる）。また物事の順序のこと。
出例　「承」も問われる

狂喜乱舞（きょうきらんぶ）

興奮して小躍りするほどに大よろこびすること。
出例　「狂／喜／舞」も問われる

一網打尽（いちもうだじん）

一度うった網で、あたりにいる魚を全部捕らえる意から、悪人の一味を一度で全部つかまえること。
出例　「網／尽」も問われる

山紫水明（さんしすいめい）

山は紫にかすみ、川は澄みきって美しいこと。自然の景色の美しいことをいう。
出例　「紫」も問われる

五里霧中（ごりむちゅう）

深い霧の中で方角がわからなくなってしまう意から、物事の様子がわからず、とまどうこと。
出例　「霧」も問われる

七難八苦（しちなんはっく）

さまざまな災難や苦難のこと。多くの災難・苦難に出会うこと。
出例　「苦」も問われる

頭寒足熱（ずかんそくねつ）

あたまは冷やし、足は暖かくすること。健康によいとされる。
出例　「寒／熱」も問われる

沈思黙考（ちんしもっこう）

沈黙して深くかんがえ込むこと。
出例　「沈／思／黙」も問われる

豊年満作（ほうねんまんさく）

稲などの農作物がゆたかに実り、収穫の多いこと。
出例　「満」も問われる

文中の**四字熟語**の＿＿線の**カタカナ**を**漢字一字**に
直せ。

☑ **01** 病状は**一進一タイ**を繰り返した。

☑ **02** 多数の意見に**付和ライ同**する。

☑ **03** 国際情勢は**一触即ハツ**の状況だ。

☑ **04** **天サイ地変**によって被災する。

☑ **05** **ロン旨明快**で説得力のある主張だ。

☑ **06** **縦オウ無尽**に日本中を駆け回る。

☑ **07** **絶タイ絶命**の危機に立たされる。

☑ **08** 山頂からのながめは**一ボウ千里**だ。

☑ **09** まさに**驚テン動地**の出来事だった。

☑ **10** 父の教えを**キン科玉条**とする。

解 答	解 説

読み　同音・同訓異字　漢字識別　熟語の構成　部首　対義語・類義語　漢字と送りがな　四字熟語　誤字訂正　書き取り

一進一退（いっしんいったい）
進んだり退いたりすること。事態がよくなったり、悪くなったりすること。

付和雷同（ふわらいどう）
自分の主義・主張がなく、安易に他人の意見に同調すること。
出例 「和／同」も問われる

一触即発（いっしょくそくはつ）
ちょっと触れただけで爆発しそうな状態の意から、非常に緊迫しているようす。
出例 「触／即」も問われる　類義語 危機一髪

天災地変（てんさいちへん）
自然界に起こるわざわいや異変。
✕才

論旨明快（ろんしめいかい）
議論の意味や解説がはっきりしていて、わかりやすいこと。
出例 「旨／明」も問われる

縦横無尽（じゅうおうむじん）
自由自在に物事を行ったり、振る舞ったりすること。出例 「縦／尽」も問われる
類義語 自由自在

絶体絶命（ぜったいぜつめい）
追いつめられて、どうにも逃れられない状態。
出例 「命」も問われる
✕対

一望千里（いちぼうせんり）
広々として非常に見晴らしがいいこと。
出例 「里」も問われる

驚天動地（きょうてんどうち）
世間を非常に驚かせること。
出例 「驚／動／地」も問われる

金科玉条（きんかぎょくじょう）
主張や立場などの絶対的なよりどころとなる物。
出例 「科／玉／条」も問われる

文中の**四字熟語**の___線の**カタカナ**を**漢字一字**に
直せ。

☑ **01** 古い文物の**故事来レキ**を調べる。

☑ **02** 今がまさに**時セツ到来**の時だ。

☑ **03** **抱フク絶倒**間違いなしの漫才だ。

☑ **04** **名所キュウ跡**を巡る旅をする。

☑ **05** **力戦フン闘**むなしく小差で負けた。

☑ **06** **人跡ミ踏**の地にたどりつく。

☑ **07** **適ザイ適所**の人員配置が行われた。

☑ **08** 人々は**異ク同音**に反対した。

☑ **09** **牛飲バ食**を続けて体をこわした。

☑ **10** 田舎で**自給自ソク**の生活をする。

合格点
7/10

1回目
月　日 ／**10**

2回目
月　日 ／**10**

解 答	解 説

故事来歴（こじらいれき）

古くから伝えられてきた事柄の由来や歴史。
（豆）「故事」は「古事」とも書く

時節到来（じせつとうらい）

何かをするのによい時期、機会がやってくること。
出例 「到」も問われる　類義語 好機到来（こうきとうらい）

抱腹絶倒（ほうふくぜっとう）

はらをかかえて倒れるほど、大笑いすること。
出例 「絶／倒」も問われる
✗ 抱復絶倒／抱複絶倒

名所旧跡（めいしょきゅうせき）

歴史上の事件や建物などがあった場所。
出例 「跡」も問われる

力戦奮闘（りきせんふんとう）

全力を尽くして戦うこと。力のかぎり努力すること。出例 「闘」も問われる
（豆）「力戦」は「りょくせん」とも読む

人跡未踏（じんせきみとう）

今までにまだ人が足を踏み入れたことがないこと。
出例 「跡」も問われる

適材適所（てきざいてきしょ）

その人の適性や能力に応じた地位や仕事、任務につかせること。
出例 「所」も問われる

異口同音（いくどうおん）

多くの人が同じことを言うこと。
出例 「異」も問われる　（豆）「いく」は「いこう」とも読む　✗ 違

牛飲馬食（ぎゅういんばしょく）

牛が水を飲み、うまがまぐさを食べるように、むやみに飲み食いすること。
出例 「飲」も問われる

自給自足（じきゅうじそく）

必要な物を自分の力でまかなうこと。
出例 「給」も問われる

四字熟語④

文中の**四字熟語**の＿＿＿線の**カタカナ**を**漢字一字**に直せ。

☑ **01** 闘<u>シ</u>満満で試合に臨む。

☑ **02** 薄<u>リ</u>多売で不況を乗り切る。

☑ **03** 一心不<u>ラン</u>に練習を続ける。

☑ **04** 奇<u>ソウ</u>天外な物語だった。

☑ **05** 信賞<u>ヒツ</u>罰の考えを浸透させる。

☑ **06** 強敵に真<u>ケン</u>勝負をいどむ。

☑ **07** 軽々しく即<u>ダン</u>即決はできない。

☑ **08** 単<u>トウ</u>直入に質問する。

☑ **09** 美辞麗<u>ク</u>を並べ立てる。

☑ **10** 父は常に不<u>ゲン</u>実行の人である。

解答 / 解説

闘志満満（とうしまんまん）
闘おうとする意欲に満ちあふれていること。
出例「闘」も問われる

薄利多売（はくりたばい）
品物一つあたりのもうけを少なくして大量に売り、全体としてもうけがあがるようにすること。出例「薄」も問われる

一心不乱（いっしんふらん）
一つのことに心を集中し、他のことに気をとられないこと。
類義語 一意専心（いちいせんしん）

奇想天外（きそうてんがい）
ふつうでは思いもよらないほど奇抜であること。
出例「奇/天/外」も問われる
豆「奇想、天外より落つ」の略

信賞必罰（しんしょうひつばつ）
功績があれば必ず賞を与え、罪があれば必ず罰を課すこと。賞罰を厳正に行うこと。
出例「信/賞/罰」も問われる

真剣勝負（しんけんしょうぶ）
本気になって勝ち負けを争うこと。また、本気で事に当たること。
出例「真/勝/負」も問われる

即断即決（そくだんそっけつ）
時間をおかず、すぐにその場で決断すること。
出例「決」も問われる
対義語 優柔不断（ゆうじゅうふだん）✕段

単刀直入（たんとうちょくにゅう）
たった一人で一本のかたなを持って敵に切り込む意から、前置きを省いてすぐ本題に入ること。
出例「単」も問われる

美辞麗句（びじれいく）
うわべだけを美しく飾り立てた言葉。
出例「美/辞/麗」も問われる

不言実行（ふげんじっこう）
あれこれいわずに、黙って実際に行動すること。出例「不/実」も問われる
対義語 有言実行（ゆうげんじっこう）

誤字訂正①

次の各文にまちがって使われている**同じ読みの漢字**が**一字**ある。**誤字**と**正しい漢字**を答えよ。

☑ **01** 家具の点示即売会が開かれ、高級家具が低価格で販売された。

☑ **02** 近年、街中に監使カメラを設置する動きが活発になっている。

☑ **03** 株主総会ではシステム開発のための余算が大幅にカットされることになった。

☑ **04** 給水制限など対作が講じられたが日照り続きでダムの水位は下がる一方だ。

☑ **05** 研究に力を入れて新しい商品を解発する体制を確立している。

☑ **06** 人物の性質や能力は外見だけでは反断できないものなのでしっかりと見極める必要がある。

☑ **07** 日本に来る外国人は歓光目的で来日するケースが多い。

☑ **08** 雨や雪の日は電車などの公共交通機関が混雑する傾行があるので注意が必要だ。

☑ **09** 私の母校は情操教育を重視しており、経営基模の拡大は考えていない。

☑ **10** 徳川幕府の時代、人々は夏場でも氷が使えるように大きな氷室に氷を補存していた。

解　答	解　説

点 ➡ 展
:　展示：作品や品物を並べて一般に公開することと。

使 ➡ 視
:　監視：悪事や不都合なことが起こらないよう見張ること。

余 ➡ 予
:　予算：あらかじめ計算し、用意しておく費用。また、見積もりを立てること。

作 ➡ 策
:　対策：相手の態度や事件の状況に応じてとる手段。

開発：新しい技術や製品を実用化すること。

解 ➡ 開
:　開発：新しい技術や製品を実用化すること。荒れ地や森林などを切り開いて、生活に役立つようにすること。

反 ➡ 判
:　判断：ある物事について理解し、自分の考えを決めること。

歓 ➡ 観
:　観光：他国・他郷の風景・史跡・風物などを見物すること。

行 ➡ 向
:　傾向：物事がある特定の方向にむくこと。

基 ➡ 規
:　規模：物事のしくみなどの大きさ。

補 ➡ 保
:　保存：そのままの状態でとっておくこと。

誤字訂正②

次の各文にまちがって使われている**同じ読みの漢字**が**一字**ある。**誤字**と**正しい漢字**を答えよ。

☑ **01** 使定された時間に面接を受けるため、持ち物を確認して早めに出発した。

☑ **02** 社長の責任感あふれる態度や発言が、多くの従業員の信頼を獲特している理由だ。

☑ **03** 筋力が著しく低下したため体力の回服を待ってリハビリを始める。

☑ **04** お年寄りが多い山間部の町に新しい病院を開接すると公約した。

☑ **05** 自宅の近くに全国展開している家電量販店が開店したので会員当録した。

☑ **06** 地球の自然監境は日々変化し、思いもよらない災害が世界各地で発生している。

☑ **07** 自己招介に備えて、性格や趣味、特技などを簡潔にまとめた文章を作って練習した。

☑ **08** 先週末の大雨で低い土地に水が流れ出し、道路が一時通行できなくなる否害が出た。

☑ **09** 今後は科題となっている体力面の強化を重視した訓練を行う。

☑ **10** 優秀な青少年に対して長年にわたり経済的な仕援を続けている。

解 答	解 説
使 → 指	指定：人や時間、場所などを、これと決め定めること。
特 → 得	獲得：手に入れること。努力して得ること。
服 → 復	回復：悪い状態になった物や失った物が、元にもどること。
接 → 設	開設：新しい建物などを作り、運用を始めること。
当 → 登	登録：原簿や帳簿などに自分の情報を載せること。
監 → 環	環境：生物のまわりを取り巻く周囲の状態や世界で、直接的・間接的に影響を与える外界。
招 → 紹	紹介：知らない人同士の間に入って引き合わせること。
否 → 被	被害：損害を受けること。
科 → 課	課題：果たすべき仕事や、勉強の問題。
仕 → 支	支援：苦境にある人や団体などに力を貸して助けること。

読み

同音・同訓異字

漢字識別

熟語の構成

部首

対義語・類義語

漢字と送りがな

四字熟語

誤字訂正

書き取り

次の___線の**カタカナ**を**漢字**に直せ。

☑ **01** 濃い霧で<u>シカイ</u>が悪い。

☑ **02** 町の美化運動を<u>スイシン</u>する。

☑ **03** 地元のチームを<u>オウエン</u>する。

☑ **04** 祖父は八十歳で<u>エイミン</u>した。

☑ **05** スケジュールが<u>カミツ</u>だ。

☑ **06** 母は<u>シュウノウ</u>上手で片付けがうまい。

☑ **07** 平気で仲間を<u>ウラギ</u>る。

☑ **08** 秋には虫たちが<u>サカ</u>んに鳴く。

☑ **09** <u>ヨクバ</u>る人は損をする。

☑ **10** 上司の方針に<u>ソム</u>く。

解 答	解 説

視界
しかい

視界：目で見渡せる範囲。
出例 視野／重視

推進
すいしん

推進：物事をおしすすめること。
出例 推測／推察／推す

応援
おうえん

応援：後押しして助けること。
出例 支援／声援

永眠
えいみん

永眠：永遠のねむりにつくこと。死去。
出例 安眠／仮眠／眠い／眠気

過密
かみつ

過密：人口などがある範囲・地域に集中しすぎていること。またそのさま。
出例 綿密／密

収納
しゅうのう

収納：ある物の中にしまうこと。
出例 収集／収益

裏切る
うらぎ

裏切る：約束を破ったり信義に反する行為をしたりして、味方や主人にそむく。人の予期に反する。出例 裏庭／裏付け

盛ん
さか

盛ん：勢いがあるさま。
出例 目盛り／盛る／盛会

欲張る
よくば

欲張る：よく深く何でもほしがる。
出例 欲しい／意欲

背く
そむ

背く：取り決めや命令に逆らって従わない。
出例 背泳ぎ／背負う／背泳 豆「背」は5級配当漢字だが、「そむ(く)、そむ(ける)」は中学校で学ぶ読み

読み

同音・同訓異字

漢字識別

熟語の構成

部首

対義語・類義語

漢字と送りがな

四字熟語

誤字訂正

書き取り

次の___線の**カタカナ**を**漢字**に直せ。

☑ **01** キョタイを生かして突進する。

☑ **02** シンセンな野菜を選んで調理する。

☑ **03** 野外コンサートはライウで中止になった。

☑ **04** 好きな画家の絵をモシャする。

☑ **05** 独特なシキサイ感覚の持ち主だ。

☑ **06** 次の試合は今月のゲジュンだ。

☑ **07** 大切な物を机のオクにしまう。

☑ **08** 友人のユクエはだれも知らない。

☑ **09** スジミチを立てて説明する。

☑ **10** 服にネフダがついたままだ。

合格点
7/10

1回目
月　日　／**10**

2回目
月　日　／**10**

解答　　　　　　解説

読み

同音・同訓異字

漢字識別

熟語の構成

部首

対義語・類義語

漢字と送りがな

四字熟語

誤字訂正

書き取り

解答	解説
きょたい **巨体**	巨体：非常に大きいこと。 **出例** 巨大／巨額
しんせん **新鮮**	新鮮：新しく生きが良いこと。 **出例** 鮮度／鮮魚／鮮やか
らいう **雷雨**	雷雨：らい鳴をともなって降る激しい雨。 **出例** 雷雲／落雷／雷
もしゃ **模写**	模写：実物そっくりに似せてうつすこと。 **出例** 規模／模様
しきさい **色彩**	色彩：いろ合い、いろどり。 **出例** 水彩画／水彩
げじゅん **下旬**	下旬：その月の終わりごろの期間。一般的 にはその月の二十日以降のこと。 **出例** 上旬／初旬
おく **奥**	奥：中に深く入った場所。 **出例** 奥歯／奥底
ゆくえ **行方**	行方：行った先。行くべき方向。 **豆** 「行方」は熟字訓・当て字
すじみち **筋道**	筋道：物事の道理。物事を行う際の順序。 **出例** 筋書き／筋金／筋肉／筋骨
ねふだ **値札**	値札：価格を書いて商品につけるふだ。 **出例** 値引き／値／価値

次の＿＿線の**カタカナ**を**漢字**に直せ。

☑ **01** 素晴らしい演技に<u>ハクシュ</u>した。

☑ **02** 友達の家に<u>ガイハク</u>する。

☑ **03** <u>ヘイボン</u>でおだやかな日々を送る。

☑ **04** データを<u>アッシュク</u>して送る。

☑ **05** 探検隊の<u>アンピ</u>が気づかわれる。

☑ **06** 国の経済が<u>ハッテン</u>する。

☑ **07** 友人のお<u>テナ</u>みを拝見しよう。

☑ **08** 寝苦しくて<u>アセ</u>をかいた。

☑ **09** <u>オゴソ</u>かな神前での結婚式だった。

☑ **10** 毎日<u>アマ</u>い物を食べている。

解 答	解 説
はくしゅ 拍手	拍手：賞賛や賛成の気持ちを表すために、両手を打ち合わせて音を立てること。 **出例** 脈拍／三拍子
がいはく 外泊	外泊：自宅などふだん寝る場所とは別の場所にとまること。 **出例** 宿泊／停泊／泊まる
へいぼん 平凡	平凡：これといった特徴がなく当たり前なこと。 **出例** 非凡／凡人
あっしゅく 圧縮	圧縮：容積を小さくすること。 **出例** 短縮／縮める／縮む
あんぴ 安否	安否：無事かどうかということ。 **出例** 賛否
はってん 発展	発展：勢いや力がのび広がり、盛んになること。より高い段階に移ること。 **出例** 展示／展覧
てな 手並み	手並み：腕前。技量。 **出例** 並木
あせ 汗	汗：皮膚から分泌される液体。高温時や運動時のほか、緊張や興奮によっても分泌する。 **出例** 汗ばむ／汗水
おごそ 厳か	厳か：いげんがあり、近づきがたいこと。 **出例** 厳しい／厳禁
あま 甘い	甘い：味覚の一つで砂糖のような味。 **出例** 甘口／甘える

右側タブ：読み／同音同訓異字／漢字識別／熟語の構成／部首／対義語・類義語／漢字と送りがな／四字熟語／誤字訂正／書き取り

99

次の＿＿線の**カタカナ**を**漢字**に直せ。

☑ **01** ソウリツ五十周年を迎える。

☑ **02** 割れたガラスのハヘンを集める。

☑ **03** 親友とヒミツを共有する。

☑ **04** 山登りにサイテキな季節だ。

☑ **05** 突然キバツなアイディアが浮かんだ。

☑ **06** センザイは液体のものを使用する。

☑ **07** テガラを立てて親にほめられた。

☑ **08** 兄がコイビトを連れて家に来た。

☑ **09** ガラスで切ったキズの手当てをする。

☑ **10** 昼食に何を食べるかナヤむ。

解 答	解 説
そうりつ 創立	創立：学校や組織などを初めてつくること。創設。 **出例** 独創／創意
は へん 破片	破片：壊れた物のかけら。 **出例** 断片／断片的／片時／片側
ひ みつ 秘密	秘密：他人に隠すこと。外部に公開していないこと。 **出例** 極秘／神秘
さいてき 最適	最適：もっともてきしていること。 **出例** 適度／適応
き ばつ 奇抜	奇抜：ほかとは明らかに異なり、変わっていること。意表をつくこと。 **出例** 好奇心／奇跡
せんざい 洗剤	洗剤：食器や衣服をあらう薬ざい。 **出例** 薬剤
て がら 手柄	手柄：立派な働き。功績。 **出例** 絵柄／身柄
こいびと 恋人	恋人：お互いに好き合った相手。 **出例** 初恋／恋しい／恋愛／失恋
きず 傷	傷：切る、打つなどして負った損しょう。心に受けた痛手。汚点。 **出例** 傷口／古傷／中傷
なや 悩む	悩む：なかなか解決策が見出せず思いわずらう。精神的な苦痛や肉体的な痛みに苦しむ。 **出例** 苦悩

読み 同音・同訓異字 漢字識別 熟語の構成 部首 対義語・類義語 漢字と送りがな 四字熟語 誤字訂正 書き取り

次の＿＿線の**カタカナ**を**漢字**に直せ。

☑ **01** 学校を<u>ユウシュウ</u>な成績で卒業した。

☑ **02** スランプから<u>ダッシュツ</u>する日は近い。

☑ **03** 事件は<u>メイキュウ</u>入りになった。

☑ **04** 立入禁止<u>クイキ</u>に入ってしまった。

☑ **05** 借りていた本を図書館に<u>ヘンキャク</u>する。

☑ **06** 大会新記録を<u>ジュリツ</u>した。

☑ **07** 優しい言葉に<u>メガシラ</u>が熱くなる。

☑ **08** 敵の動向を慎重に<u>サグ</u>る。

☑ **09** 足の速さは人より<u>スグ</u>れている。

☑ **10** 兄弟は顔が<u>ニ</u>るものだ。

解　答	解　説
<ruby>優秀<rt>ゆうしゅう</rt></ruby>	優秀：他よりも一段とすぐれていること。 出例 秀作／秀才
<ruby>脱出<rt>だっしゅつ</rt></ruby>	脱出：危険な場所などから抜け出すこと。 出例 脱皮／脱落／脱ぐ
<ruby>迷宮<rt>めいきゅう</rt></ruby>	迷宮：出口がわからずまようようにつくった宮殿。 豆「迷宮入り」は、事件が解決されずにそう査が打ち切られること　出例 迷信／迷路／迷う
<ruby>区域<rt>くいき</rt></ruby>	区域：くぎりをつけた、ある一定の範囲の地域。 出例 領域／地域
<ruby>返却<rt>へんきゃく</rt></ruby>	返却：借りていた物を持ち主に返すこと。 出例 却下／退却
<ruby>樹立<rt>じゅりつ</rt></ruby>	樹立：新しく打ち立てること。しっかりたつこと。 出例 樹木／植樹
<ruby>目頭<rt>めがしら</rt></ruby>	目頭：鼻に近いほうのめの端。豆「頭」は9級配当漢字だが、「かしら」は中学校で学習する読み　出例 頭
<ruby>探る<rt>さぐ</rt></ruby>	探る：相手の様子などをひそかに調べる。見えない物を手足の感覚でさがし求める。 出例 手探り　音読 タン
<ruby>優れる<rt>すぐ</rt></ruby>	優れる：能力や価値などがほかよりまさる。 出例 優しい／優勢／優待
<ruby>似る<rt>に</rt></ruby>	似る：性質や状態、形が同じようである。 出例 空似／似通う

次の＿＿線の**カタカナ**を**漢字**に直せ。

☑ **01** <u>ドクゼツ</u>で有名な芸能人が人気だ。

☑ **02** 厳しい<u>ヒヒョウ</u>にさらされる。

☑ **03** 有名な楽団の<u>エンソウ</u>を聞きに行く。

☑ **04** 二人の結婚を<u>シュクフク</u>する。

☑ **05** 夏休みに<u>ホシュウ</u>を受ける。

☑ **06** 会議の内容を<u>カンケツ</u>にまとめる。

☑ **07** <u>キヌ</u>のドレスを身にまとう。

☑ **08** 試験勉強で<u>カタ</u>が凝った。

☑ **09** 預かった荷物を本人に<u>ワタ</u>す。

☑ **10** 寒さを我慢するために<u>アシブ</u>みする。

解答　　　　　　　解説

読み

毒舌 どくぜつ	毒舌：非常にしんらつな皮肉や悪口の言葉。 出例 弁舌／舌打ち／舌

同音・同訓異字

批評 ひ ひょう	批評：事物の是非や優劣、善悪などについて論じ、評価すること。 出例 批判

漢字識別

演奏 えんそう	演奏：音楽で音を出す行為。 出例 合奏／独奏

熟語の構成

祝福 しゅくふく	祝福：幸せをいわうこと。また、幸せを祈ること。 出例 祝賀

部首

補習 ほ しゅう	補習：正規の授業に加えて、学力をおぎなうために行う授業。 出例 補修／補強／補う

対義語・類義語

簡潔 かんけつ	簡潔：表現がかんたんで、要領を得ているさま。 出例 簡便／簡略

漢字と送りがな

絹 きぬ	絹：蚕のまゆから取った繊維。また、きぬ糸で織った繊維。 出例 絹糸

四字熟語

肩 かた	肩：腕が胴体に接続する上部やそこから首の付け根の部分。 出例 肩車／肩身

誤字訂正

渡す わたす	渡す：一方から他方へ物を動かす。 出例 渡る／見渡す

書き取り

足踏み あし ぶ	足踏み：その場所を動かずに、両足を交互に上げ下げすること。物事がはかどらず、停滞すること。出例 踏む／踏切

書き取り⑦

次の＿＿線の**カタカナ**を**漢字**に直せ。

☑ **01** 高校では<u>エンゲキ</u>部に入りたい。

☑ **02** 兄は実直で<u>キンベン</u>な人だ。

☑ **03** 冷蔵庫が<u>コショウ</u>してしまった。

☑ **04** 勝手な行動で<u>メイワク</u>をかけてはいけない。

☑ **05** レンズで光が<u>クッセツ</u>した。

☑ **06** 我が家では<u>ゲンマイ</u>を好んで食べている。

☑ **07** 文化祭のテーマについて名案が<u>ウ</u>かぶ。

☑ **08** 停電の影響で電車が<u>オオハバ</u>に遅れた。

☑ **09** 試合前に<u>ココロガマ</u>えを聞く。

☑ **10** 枯れ葉を集めて<u>モ</u>やす。

解 答	解 説
えんげき **演劇**	演劇：俳優が舞台の上で、筋書きに基づいたせりふや動作で物語などを演じて見せる、総合芸術。 出例 劇場／喜劇
きんべん **勤勉**	勤勉：仕事や勉強などに、一生懸命にはげむこと。 出例 勤労／勤続／勤める
こしょう **故障**	故障：機械や体などに不調が生じ、正常に働かなくなること。 出例 支障／保障
めいわく **迷惑**	迷惑：他人の言動が原因となって、不快な目にあったり、不利益を被ったりすること。 出例 惑星／疑惑／惑う／惑わす
くっせつ **屈折**	屈折：おれ曲がること。 出例 屈指／退屈
げんまい **玄米**	玄米：精米する前の米のこと。もみがらを取り除いた部分。 出例 玄関
う **浮かぶ**	浮かぶ：ある考えを思いつく。物体が下から上に上がってくる。 出例 浮く／浮上
おおはば **大幅**	大幅：通常よりはばが広いこと。 出例 幅／道幅
こころがま **心構え**	心構え：事にあたる際の事前の心の準備。 出例 門構え／身構える／結構
も **燃やす**	燃やす：火をつけてもえるようにする。心や感情を高ぶらせる。 出例 燃える

次の___線の**カタカナ**を**漢字**に直せ。

☑ **01** 相手チームとはゴカクの勝負だ。

☑ **02** コウイ室でユニフォームに着替える。

☑ **03** 都心はゴウウに見舞われた。

☑ **04** ツウカイな冒険映画を見た。

☑ **05** この布はスイテキをはじく。

☑ **06** 海水の塩分ノウドが高い。

☑ **07** 野菜をキザむ音が聞こえる。

☑ **08** 年末年始は毎年イナカに帰る。

☑ **09** この仕事を君にマカせる。

☑ **10** ヒタイに玉の汗が浮かんでいる。

解答	解説
ごかく **互角**	互角：双方を比較して同じような状態であること。 出例 交互／相互／互い
こうい **更衣**	更衣：衣服を脱いでほかの衣服に替えること。 出例 更新／変更／更に
ごうう **豪雨**	豪雨：激しく多量に降るあめ。 出例 豪快／豪雪
つうかい **痛快**	痛快：胸がすくようで気持ちのよいこと。非常にゆかいなこと。 出例 頭痛／痛い／手痛い
すいてき **水滴**	水滴：水のしたたり。水のしずく。 出例 一滴／点滴
のうど **濃度**	濃度：液体や気体などのこさ。とくに、一定量の液体や気体に含まれている成分の割合。 出例 濃淡／濃密／濃い
きざ **刻む**	刻む：刃物で切って細かくする。きざみ目を入れる。 出例 小刻み／時刻／深刻
いなか **田舎**	田舎：生まれ故郷。都心から離れた地方のこと。
まか **任せる**	任せる：仕事などを他の人にゆだね、代行してもらう。相手のするがままにさせておく。 出例 出任せ／任す／辞任／任務
ひたい **額**	額：顔の上部の、髪の生え際からまゆの間。おでこ。

次の＿＿線の**カタカナ**を**漢字**に直せ。

☑ **01** 部活動で<u>センパイ</u>の指示に従う。

☑ **02** お客様を<u>ネツレツ</u>に歓迎する。

☑ **03** 試合の前にお互いに<u>アクシュ</u>する。

☑ **04** 人間関係が<u>フクザツ</u>だ。

☑ **05** 弟はなかなか<u>コンジョウ</u>がある。

☑ **06** イノシシが<u>トッシン</u>して来た。

☑ **07** グラスに水を<u>ソソ</u>ぐ。

☑ **08** <u>タビカサ</u>なる不始末をわびる。

☑ **09** 家を建て替えるため<u>カリ</u>の住まいに移る。

☑ **10** 先生にほめられて<u>テ</u>れる。

頻出度

A

合格点
7/10

1回目
月　日　／**10**

2回目
月　日　／**10**

解答	解説

読み

同音・同訓異字

漢字識別

熟語の構成

部首

対義語・類義語

漢字と送りがな

四字熟語

誤字訂正

書き取り

先輩（せんぱい）

先輩：学校などに先に入った人。年齢や地位などが自分より上の人。
出例 後輩（こうはい）

熱烈（ねつれつ）

熱烈：感情が高ぶるなどして、激しい態度をとるさま。
出例 強烈（きょうれつ）

握手（あくしゅ）

握手：あいさつするときなどに手と手をにぎり合うこと。
出例 握力（あくりょく）／握る（にぎ）

複雑（ふくざつ）

複雑：物事の事情や関係、構造などが込み入っていること。
出例 混雑（こんざつ）

根性（こんじょう）

根性：困難に負けずにやりとおす強い性質。
出例 性分（しょうぶん）／気性（きしょう）

突進（とっしん）

突進：まっしぐらにつき進むこと。目標を目指して一気に進むこと。
出例 突入（とつにゅう）／突破（とっぱ）／突く（つ）

注ぐ（そそ）

注ぐ：液体を容器などに流し込む。水などが流れ込む。

度重なる（たびかさ）

度重なる：同じようなことが何度も続いて起こる。
出例 度（たび）

仮（かり）

仮：本当のものではないこと。間に合わせであること。

照れる（て）

照れる：はずかしそうにする。きまり悪そうにする。
出例 照らす（て）

次の＿＿線の**カタカナ**を**漢字**に直せ。

☑ **01** キョウリの父母に手紙を出す。

☑ **02** 運動会がエンキされた。

☑ **03** 東京湾エンガンの道路を走行する。

☑ **04** 電車のコンザツに疲れ果てる。

☑ **05** 大型船で物資をユソウする。

☑ **06** 水がホウフにわき出している。

☑ **07** 腕に包帯をマく。

☑ **08** その国はメザましい発展をとげた。

☑ **09** 海外の要人をマネく。

☑ **10** 我が子のカドデを祝う。

解答 / 解説

郷里（きょうり）

郷里：生まれ育った土地。ふるさと。
出例 郷土

延期（えんき）

延期：予定のきじつやきげんをのばすこと。
出例 順延／延着／延ばす

沿岸（えんがん）

沿岸：海や川、湖などにそった部分の陸地。
出例 沿線／沿道／沿う

混雑（こんざつ）

混雑：多くの人が集まってこみ合うこと。
出例 混迷

輸送（ゆそう）

輸送：車や船で人や品物を運ぶこと。
出例 輸血

豊富（ほうふ）

豊富：ゆたかであること。また、そのさま。
出例 豊か

巻く（まく）

巻く：物のまわりを包むようにからみつける。
出例 手巻き／巻末

目覚ましい（めざ）

目覚ましい：目がさめるほどにすばらしい。
驚くほど立派だ。
出例 覚める／覚える

招く（まね）

招く：催しなどに客として来てもらう。手
などで合図をして人を呼び寄せる。
出例 招待

門出（かどで）

門出：新しい生活を始めること。旅などのために、
自分の家を離れること。（**豆**）「門」は9級配当漢字だ
が、「かど」は中学校で学習する読み **出例** 入門

書き取り⑪

次の＿＿線の**カタカナ**を**漢字**に直せ。

☑ **01** 番組の**カンラン**を希望する。

☑ **02** **ダンカイ**をふんで物事を進める。

☑ **03** 大統領が**シュウニン**式で演説する。

☑ **04** 周囲の人に**キガイ**を加える。

☑ **05** 政治家が**ミンシュウ**の支持を得る。

☑ **06** 当日の**フクソウ**は自由です。

☑ **07** 曲がり角に**ヒトカゲ**を見つけた。

☑ **08** エレベータのボタンを**オ**す。

☑ **09** 手がすべって茶わんを**ワ**る。

☑ **10** 大きな黒ぶちの**メガネ**をかける。

解答 / 解説

観覧
かんらん

観覧：絵や芝居などを見物すること。

段階
だんかい

段階：物事の順序。物事の進展具合や能力の差などによって順々に設けられた区切り。等級。 出例 格段／手段

就任
しゅうにん

就任：ある任務や地位、役職につくこと。 出例 就航

危害
きがい

危害：身体や生命を損なうような危険なこと。 出例 危険／危うい／危ぶむ

民衆
みんしゅう

民衆：世間一般の人々。 出例 衆議

服装
ふくそう

服装：衣服やそのそう身具の総称。衣服を身につけたときの様子。 出例 新装／包装

人影
ひとかげ

人影：ひとのかげ。ひとの姿。 出例 影絵／影響

押す
お

押す：物に触れて圧力をかけ、先のほうに動かす。重みを加える。 出例 後押し

割る
わ

割る：力を加えて、一つの固体をいくつかの部分に分け離す。くだく。 出例 割引／割合

眼鏡
めがね

眼鏡：視力の補正や、強い光線から目を保護するために使う、ガラスなどを用いた器具。 豆 「眼鏡」は熟字訓・当て字

次の＿＿線の**カタカナ**を**漢字**に直せ。

☑ **01** 古来、白牛は神の<u>ケシン</u>とされている。

☑ **02** 地割れで道路が<u>スンダン</u>された。

☑ **03** ワインをたるに<u>チョゾウ</u>する。

☑ **04** 届いた小包を<u>サッソク</u>開ける。

☑ **05** ペンキで<u>カンバン</u>に絵を描く。

☑ **06** ヘリコプターを<u>ソウジュウ</u>する。

☑ **07** 我が町は長い歴史を<u>ホコ</u>る。

☑ **08** 時間をかけて魚を<u>ニ</u>る。

☑ **09** 生まれながらの能力を<u>サズ</u>かった。

☑ **10** 人生の<u>フシメ</u>に記念の木を植える。

合格点	1回目	2回目	
7/10	月 日 /10	月 日 /10	

解答 / 解説

化身（けしん）
化身：神仏が姿を変えてこの世に現れること。また、そのもの。
出例 羽化

寸断（すんだん）
寸断：長く続いている物を、きれぎれにたち切ること。
出例 原寸

貯蔵（ちょぞう）
貯蔵：たくわえておくこと。
出例 土蔵

早速（さっそく）
早速：すみやかなさま。直ちに。[豆]「早」は10級配当漢字だが、「サッ」は中学校で学習する読み。常用漢字の特別な読み

看板（かんばん）
看板：商店などが、店名や商品名などを人目につきやすいように掲げたもの。劇場などで、絵とともに演目などを書いて掲げる物。

操縦（そうじゅう）
操縦：飛行機、ヘリコプターなどを運転すること。他人を思いのままにあやつること。
出例 操作

誇る（ほこる）
誇る：すぐれていると得意になる。自慢する。

煮る（にる）
煮る：食材などを水などに入れて火にかけて熱を通す。
出例 煮物

授かった（さずかった）
授かる：お金では買うことができない大切なものを与えられる。
出例 授ける

節目（ふしめ）
節目：物事の区切れめ。竹や木材の、ふしになっているところ。
出例 節約／節分

次の＿＿線の**カタカナ**を**漢字**に直せ。

☑ **01** 平均活動時間の<u>トウケイ</u>をとる。

☑ **02** 日本列島の位置を<u>ホクイ</u>と東経で示す。

☑ **03** 夏になると各地で<u>エンニチ</u>が開催される。

☑ **04** 事件は大臣の経歴に<u>オテン</u>を残した。

☑ **05** 年老いた父の<u>カイゴ</u>をする。

☑ **06** 晴天が続き空気が<u>カンソウ</u>する。

☑ **07** 自宅のパソコンは通信速度が<u>オソ</u>い。

☑ **08** 危険を感じたので一目散に<u>ニ</u>げる。

☑ **09** 旅先では友人に<u>タヨ</u>って行動する。

☑ **10** 今回の立候補者は<u>ツブ</u>ぞろいだ。

解答 / 解説

読み

同音・同訓異字

漢字識別

熟語の構成

部首

対義語・類義語

漢字と送りがな

四字熟語

誤字訂正

書き取り

統計 (とうけい)
統計：集団の個々の要素の分布を調べ、その結果得られた数値。また、その集団の性質や傾向を数量的に把握すること。 出例 統合

北緯 (ほくい)
北緯：赤道から北極までの緯度のこと。
出例 経緯／南緯

縁日 (えんにち)
縁日：仏教の行事で、神仏の由来がある日を指す。
出例 縁起／無縁／縁

汚点 (おてん)
汚点：不名誉な事柄。物についたよごれ。
出例 汚職／汚名／汚い／汚す

介護 (かいご)
介護：日常生活が困難な人に生活の支援・補助をすること。
出例 介入

乾燥 (かんそう)
乾燥：水分がなくなってかわくこと。
出例 乾電池／乾杯／乾かす／乾く

遅い (おそい)
遅い：動作や進行に時間がかかる。
出例 遅咲き／遅刻／遅延

逃げる (にげる)
逃げる：追ってくる者に捕まらないように遠くの場所まで離れる。
出例 逃れる／見逃す／逃走

頼って (たよって)
頼る：たのみとする。あてにする。
出例 頼む／頼もしい／信頼

粒 (つぶ)
粒：集まっているものの、一つ一つのこと。丸くて小さいもの。「粒ぞろい」は優れた人がそろっていて見劣りする人物がいないこと。 出例 大粒／豆粒／粒子

次の＿＿線の**漢字の読み**を**ひらがな**で答えよ。

☑ **01** その意見は単なる憶測に過ぎない。

☑ **02** 容疑者に釈明の場を与える。

☑ **03** 夜十時就寝と決められている。

☑ **04** 自宅でゆっくり療養する。

☑ **05** 学校に休まずに行き皆勤賞をもらった。

☑ **06** 先生から含蓄のある話を聞いた。

☑ **07** 姉の安産を祈願する。

☑ **08** 何度も繰り返し本を読む。

☑ **09** 雷ほど怖いものはない。

☑ **10** 畳の上にふとんを敷く。

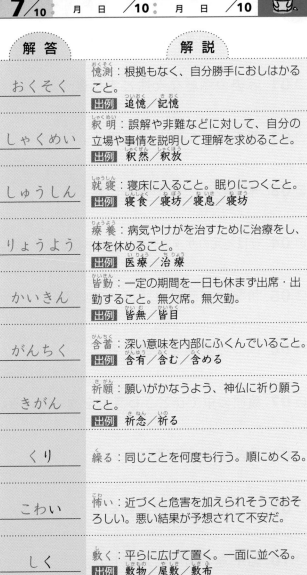

解答　　　　解説

おくそく	憶測：根拠もなく、自分勝手におしはかること。 出例 追憶／記憶
しゃくめい	釈明：誤解や非難などに対して、自分の立場や事情を説明して理解を求めること。 出例 釈然／釈放
しゅうしん	就寝：寝床に入ること。眠りにつくこと。 出例 寝食／寝坊／寝息／寝坊
りょうよう	療養：病気やけがを治すために治療をし、体を休めること。 出例 医療／治療
かいきん	皆勤：一定の期間を一日も休まず出席・出勤すること。無欠席。無欠勤。 出例 皆無／皆目
がんちく	含蓄：深い意味を内部にふくんでいること。 出例 含有／含む／含める
きがん	祈願：願いがかなうよう、神仏に祈り願うこと。 出例 祈念／祈る
くり	繰る：同じことを何度も行う。順にめくる。
こわい	怖い：近づくと危害を加えられそうでおそろしい。悪い結果が予想されて不安だ。
しく	敷く：平らに広げて置く。一面に並べる。 出例 敷物／屋敷／敷布

読み

同音・同訓異字

漢字識別

熟語の構成

部首

対義語・類義語

漢字と送りがな

四字熟語

誤字訂正

書き取り

121

次の＿＿線の**漢字の読み**を**ひらがな**で答えよ。

☐ **01** 容姿の端麗な女性とすれ違う。

☐ **02** 悪天候で工事が遅延する。

☐ **03** 味方のチームが劣勢に転じる。

☐ **04** 母は地元のサッカーチームの熱烈なファンだ。

☐ **05** 祖父はご隠居と呼ばれている。

☐ **06** 二つの要職を兼務する。

☐ **07** 集団の中でひときわ異彩を放っている。

☐ **08** 危険を冒す必要はない。

☐ **09** 淡い水色の洋服を着る。

☐ **10** 鉛中毒で病院に入院した。

合格点
7/10

1回目
月　日　/10

2回目
月　日　/10

頻出度
B

読み

同音・同訓異字

漢字識別

熟語の構成

部首

対義語・類義語

漢字と送りがな

四字熟語

誤字訂正

書き取り

解答	解説
たんれい	端麗：姿・形が整っていて、美しいこと。 **出例** 極端／端整／道端／端
ちえん	遅延：予定より期日や時間が遅れてのびること。長びくこと。 **出例** 遅配／遅咲き／遅い
れっせい	劣勢：形勢が悪いこと。また、そのさま。勢いがおとっていること。**出例** 劣等／優劣／劣る／見劣り **対義語** 優勢
ねつれつ	熱烈：感情が高ぶるなどして、勢いが激しいこと。 **出例** 烈火／痛烈
いんきょ	隠居：会社勤めや家業の仕事などを辞めて、気ままに暮らすこと。また、このような人を敬う表現。**出例** 隠然／隠れる／隠す
けんむ	兼務：複数の仕事を同時にしていること。 **出例** 兼用／兼任
いさい	異彩：際立ってすぐれた様子。 **出例** 色彩／多彩
おかす	冒す：悪条件の中で、あえて難しいことを行う。 **出例** 冒頭／冒険
あわい	淡い：色が薄くぼんやりしている。 **出例** 淡雪／淡泊／淡水
なまり	鉛：青白色のやわらかく、重い金属。 **出例** 鉛色／鉛直

次の＿＿線の**漢字の読み**を**ひらがな**で答えよ。

☑ **01** 大国が小国を武力で征服する。

☑ **02** 新しい土地を開拓する。

☑ **03** 君の意見には脱帽した。

☑ **04** 母校は多くの有名人を輩出した。

☑ **05** 勝負は序盤で決着がついた。

☑ **06** 海の近くは金属が腐食しやすい。

☑ **07** 冬は皮膚が乾燥しやすい。

☑ **08** お年を召した方に席をお譲り下さい。

☑ **09** 投資により財産を殖やす。

☑ **10** 余計なことを言わないように言葉を慎む。

解　答	解　説
せいふく	征服：武力で敵を倒し、服従させること。困難なことに打ち勝ち、目的を達成すること。 **出例** 遠征
かいたく	開拓：山野や荒れ地などを切り開いて、田畑や敷地にすること。新しい分野や人生などを切り開くこと。 **出例** 干拓
だつぼう	脱帽：相手に敬意を示すこと。感服すること。帽子をぬぐこと。 **出例** 脱出／脱却／脱ぐ
はいしゅつ	輩出：才能のあるすぐれた人が続々と世に出ること。 **出例** 後輩／先輩
じょばん	序盤：ひと続きの物事のはじめの状況。 **出例** 円盤／終盤
ふしょく	腐食：くさって物の形がくずれること。 **出例** 腐敗／腐る
ひふ	皮膚：動物の体表をおおい、保護している組織。外皮。表皮。 **出例** 完膚
めした	召す：動作・状態などについて敬って言う語。呼び寄せる、招くなどを敬って言う語。「お年を召す」は「年を取る」の丁寧な言い方。
ふやす	殖やす：とくに財産や動植物の数量が多くなるようにすること。繁殖させる。 **出例** 殖える／養殖／増殖
つつしむ	慎む：ひかえめにする。慎重に行う。 **出例** 慎重

次の＿＿線の**漢字の読み**を**ひらがな**で答えよ。

☑ **01** 幼少から日本<u>舞踊</u>を習っている。

☑ **02** <u>壁面</u>にペンキで絵を描く。

☑ **03** 不調のためチームから<u>離脱</u>する。

☑ **04** 友の胸中を知り<u>感涙</u>にむせんだ。

☑ **05** 仕事の<u>依頼</u>が舞い込む。

☑ **06** 会の発足当時の理念を<u>堅持</u>する。

☑ **07** 冬には<u>休眠</u>状態になる植物がある。

☑ **08** タンクに雨水を<u>蓄</u>える。

☑ **09** <u>暦</u>の上ではもう春だ。

☑ **10** 浅はかな行動を<u>戒</u>める。

解 答	解 説

ぶよう	舞踊：音楽に合わせて体を動かし、感情を表現する芸能。 **出例** 舞台／乱舞／舞う
へきめん	壁面：かべの表面。 **出例** 壁画／岩壁
りだつ	離脱：ある状態や、属していたところから抜け出ること。 **出例** 離合／分離／離す／離れる
かんるい	感涙：相手の言動に感激し、ありがたさのあまりに流すなみだ。 **出例** 落涙／涙／涙声
いらい	依頼：他人に用件をたのむこと。たよりにすること。 **出例** 依然
けんじ	堅持：思想や態度などをかたく守り、他に譲らないこと。 **出例** 堅実／中堅／堅い
きゅうみん	休眠：生物が一定の期間、生活機能を不活発にしたり、停止したりすること。物事の活動を休止している状態。**出例** 安眠／永眠／眠る／眠気
たくわえる	蓄える：金銭や品物、また知恵や体力などを、のちに役立てるために大切にためておく。 **出例** 蓄積／備蓄
こよみ	暦：一年間の年月日、曜日、干支など、主な行事などを日を追って記したもの。カレンダー。**出例** 旧暦／西暦
いましめる	戒める：間違いをしないように注意する。 **出例** 警戒

右側縦書き見出し：読み／同音・同訓異字／漢字識別／熟語の構成／部首／対義語・類義語／漢字と送りがな／四字熟語／誤字訂正／書き取り

次の___線の**漢字の読み**を**ひらがな**で答えよ。

☑ **01** 政治家の発言に波紋が広がる。

☑ **02** その話には作為が感じられる。

☑ **03** 自然の恩恵をこうむる。

☑ **04** 警備員が工場の敷地内を巡回する。

☑ **05** 現実から逃避してばかりいる。

☑ **06** 平凡な暮らしのなかに幸せがある。

☑ **07** 大型の新人選手を獲得する。

☑ **08** この湖の水は澄んでいる。

☑ **09** ぬれた前髪から滴が落ちる。

☑ **10** 沢づたいに山の頂上を目指す。

合格点

7/10

1回目

月　日／10

2回目

月　日／10

頻出度 B

解答	解説

はもん	波紋：周囲に次々と与えていく影響。水面に物が落ちたときなどにできる、輪のような模様。出例 家紋／指紋 ✖なみもん
さくい	作為：何かに見せかけるために、わざと手を加えること。作り出すこと。出例 人為的／人為
おんけい	恩恵：めぐみ。いつくしみ。出例 知恵／恵む
じゅんかい	巡回：ある目的のために各地を移動すること。次々と見てまわること。出例 巡業／巡視／巡る
とうひ	逃避：直面した問題に取り組まず、意識しないようにすること。困難をさけ、のがれること。出例 逃走／逃亡／逃げる／逃れる
へいぼん	平凡：とくにすぐれたところや目立つ特色もなく、ありふれていること。出例 非凡／凡人
かくとく	獲得：手に入れること。出例 漁獲／獲物
すんで	澄む：曇りや濁りがなくなり透き通ってみえる。音がよく響きわたる。雑念がなくなる。まじりけがなくなる。出例 澄ます
しずく	滴：したたり落ちる液体の小さな粒。出例 水滴
さわ	沢：山あいの、比較的小さな谷川。水が浅くたまり、水草などが生えているところ。出例 沢登り／光沢

次の___線の**漢字の読み**を**ひらがな**で答えよ。

☑ **01** 試合で味方の士気を鼓舞する。

☑ **02** 細かい作業を丹念に進めた。

☑ **03** 飛行機の尾翼が破損した。

☑ **04** 毎日仕事に忙殺されている。

☑ **05** 初対面の人と握手をする。

☑ **06** 卒業後も継続して学業を続ける。

☑ **07** 大自然の偉容に圧倒される。

☑ **08** 古くなったビルを壊す。

☑ **09** コーヒーに砂糖を入れて溶かす。

☑ **10** 集団で個人を非難するのは嘆かわしい風潮だ。

合格点
7/10

1回目
月　日　/**10**

2回目
月　日　/**10**

頻出度
B

解 答	解 説
こぶ	鼓舞：人の気持ちを奮い立たせること。 **出例** 鼓動　❌こまい
たんねん	丹念：真心を込めて丁寧にすること。 **出例** 丹精
びよく	尾翼：飛行機などの後ろ側のつばさ。 **出例** 首尾／尾根
ぼうさつ	忙殺：非常にいそがしいこと。 **出例** 多忙／繁忙／忙しい
あくしゅ	握手：あいさつするときなどに手と手をにぎり合うこと。 **出例** 握力／握る
けいぞく	継続：以前からの状態や、していたことがそのまま続くこと。また、続けること。 **出例** 継承／中継／継ぐ
いよう	偉容：すぐれて立派な姿。堂々たる姿。 **出例** 偉業／偉人／偉い　**豆**「威容」とも書く
こわす	壊す：物の形をくずしたり、失わせたりする。破壊する。機能をだめにする。 **出例** 壊れる／破壊
とかす	溶かす：薬品や熱を加え、固形物を液状にする。固形物に液体をまぜあわせ、液状にする。**出例** 溶く／溶ける／溶接／溶液
なげかわしい	嘆かわしい：残念に思う。悲しく情けない。 **出例** 嘆く／感嘆／悲嘆

読み

同音・同訓異字

漢字識別

熟語の構成

部首

対義語・類義語

漢字と送りがな

四字熟語

誤字訂正

書き取り

次の＿＿線の**漢字の読み**を**ひらがな**で答えよ。

☑ **01** 実力が<u>優越</u>したチームに入る。

☑ **02** まんまと<u>甘言</u>に乗せられた。

☑ **03** 外出先では<u>行儀</u>よくふるまう。

☑ **04** 自動運転装置が<u>制御</u>不能におちいる。

☑ **05** 海外の工場の<u>閉鎖</u>が決まった。

☑ **06** 敵の船が大挙して<u>襲来</u>する。

☑ **07** 部屋に空き巣が入った<u>形跡</u>はない。

☑ **08** <u>透</u>けるような白いはだをもつ。

☑ **09** 世間の理解が得られるまで<u>闘</u>う。

☑ **10** 客に料理を<u>勧</u>める。

解 答	解 説
ゆうえつ	優越：他よりすぐれていること。その感情。 **出例** 越境／越冬／越す／越える
かんげん	甘言：相手の気に入るように巧みに言う言葉。 **出例** 甘受／甘味／甘い／甘党
ぎょうぎ	行儀：社会で守るべき礼儀や作法。 **出例** 流儀
せいぎょ	制御：自分の思うように動かすこと。 **出例** 御殿
へいさ	閉鎖：施設などをとじて、活動を停止すること。出入り口などをとじること。 **出例** 連鎖／鎖
しゅうらい	襲来：激しくおそいかかってくること。来襲。 **出例** 襲名／襲撃／襲う
けいせき	形跡：ある物事があった、はっきりしたあと。あとかた。 **出例** 史跡／追跡／跡形／傷跡
すける	透ける：物を通して、その向こうの物や中の物が見える。 **出例** 透く／透視
たたかう	闘う：苦痛や困難を乗り越えようとする。力や技、知恵などの優劣を競い、勝負をする。 **出例** 闘志
すすめる	勧める：相手がそのことをするように誘う。 **出例** 勧告

読み

同音・同訓異字

漢字識別

熟語の構成

部首

対義語・類義語

漢字と送りがな

四字熟語

誤字訂正

書き取り

次の＿＿線の**漢字の読み**を**ひらがな**で答えよ。

☐ **01** 美しい跳躍を見せる。

☐ **02** 手術で胃を摘出した。

☐ **03** 祖父が階段で転倒して骨折した。

☐ **04** 玄米は健康食品として人気だ。

☐ **05** 裁判で厳しく尋問される。

☐ **06** 苦しい胸の内を吐露する。

☐ **07** 大盛りのご飯を豪快にかき込む。

☐ **08** 手塩にかけた植物が枯れる。

☐ **09** 政治家は恥じる気持ちが大切だ。

☐ **10** 野菜をやわらかく煮る。

読み
同音・同訓異字
漢字識別
熟語の構成
部首
対義語・類義語
漢字と送りがな
四字熟語
誤字訂正
書き取り

解答	解説
ちょうやく	跳躍：とび上がること。とびはねること。 **出例** 跳馬／跳ねる
てきしゅつ	摘出：抜きだすこと。 **出例** 指摘／摘発／摘む
てんとう	転倒：たおれること。さかさまになること。 **出例** 倒壊／倒産／倒れる
げんまい	玄米：精白する前の米のこと。もみがらを取り除いた部分。 **出例** 玄関
じんもん	尋問：とい正すこと。 **出例** 尋常／尋ねる
とろ	吐露：心の中で思っていることを、隠さずに言うこと。 **出例** 吐息／吐く／吐息
ごうかい	豪快：堂々として力強く、気持ちのよい様子。 **出例** 豪勢／豪雨
かれる	枯れる：草木や花の水分が失われ、生命の維持が困難になる。 **出例** 木枯らし／枯死／枯淡
はじる	恥じる：はずかしいと思う。面目なく思う。劣る。遠慮する。はばかる。 **出例** 恥ずかしい／恥じらう
にる	煮る：食材などを水などに入れて火にかけて熱を通す。 **出例** 煮える／煮豆

135

次の＿＿線の**漢字の読み**を**ひらがな**で答えよ。

☑ **01** 富士山が秀麗な姿を見せる。

☑ **02** 友人の努力に触発されて勉強する。

☑ **03** 部下の意見を是認する。

☑ **04** 優勝の栄誉をたたえる。

☑ **05** 空気が乾燥している。

☑ **06** 客の到着が遅れている。

☑ **07** 計画が失敗した経緯を説明する。

☑ **08** 部活動に本腰で取り組む。

☑ **09** 組織の合理化を図る。

☑ **10** 川を泳ぐ小魚の群れを網ですくう。

| 合格点 7/10 | 1回目 月 日 /10 | 2回目 月 日 /10 |

解　答	解　説

しゅうれい

秀麗：すぐれてうるわしいさま。
出例 秀歌／秀才

しょくはつ

触発：感情や意欲などを起こさせること。
出例 触覚／接触／触れる

ぜにん

是認：よいと認めること。
出例 是非／是正

えいよ

栄誉：輝かしい名誉のこと。
出例 名誉／誉れ

かんそう

乾燥：水分がなくなってかわくこと。
出例 乾杯／乾物／乾く

とうちゃく

到着：目的とする地点に行き着くこと。届くこと。
出例 到底／周到

けいい

経緯：物事の詳しい筋道。
出例 北緯／緯度

ほんごし

本腰：物事を本気で行おうとする姿勢。
出例 弱腰／腰

はかる

図る：くわだてる。判断する。考慮する。工夫する。（豆）「図」は9級配当漢字だが、「はか（る）」は中学校で学習する読み

あみ

網：魚などを捕らえる道具。
出例 網戸／情報網／通信網

次の＿＿線の**カタカナ**にあてはまる漢字をそれぞれの**ア〜オ**から**一つ**選び、**記号**を答えよ。

☑ **01** 私の問題に<u>カイ</u>入するな。

☑ **02** 参加者は<u>カイ</u>無だった。

☑ **03** 見知らぬ人物を警<u>カイ</u>する。

ア	皆
イ	介
ウ	戒
エ	解
オ	壊

☑ **04** 胸に触れて心臓の<u>コ</u>動を感じる。

☑ **05** 小さな事件を<u>コ</u>張して伝える。

☑ **06** 証<u>コ</u>を並べて追及する。

ア	誇
イ	鼓
ウ	呼
エ	枯
オ	拠

☑ **07** 父は<u>タン</u>精こめて植物を育てる。

☑ **08** 絵の具で濃<u>タン</u>をつける。

☑ **09** 姉は<u>タン</u>整な顔立ちをしている。

ア	淡
イ	端
ウ	嘆
エ	丹
オ	探

合格点
7/9

1回目
月　日　/9

2回目
月　日　/9

頻出度
B

解答	解説

読み

同音・同訓異字

漢字識別

熟語の構成

部首

対義語・類義語

漢字と送りがな

四字熟語

誤字訂正

書き取り

イ

介入：事件などに他者が割り込んできて関わること。
出例 介護／介抱／紹介

ア

皆無：まったくないこと。
出例 皆目／皆勤

ウ

警戒：危険などに備えて、用心すること。
出例 厳戒／戒律／訓戒

イ

鼓動：心臓の律動的な動き。また、それが伝える響き。ふるえ動くこと。
出例 鼓舞／太鼓／鼓笛隊

ア

誇張：実際よりも大げさに表現すること。
出例 誇大

オ

証拠：事実・真実を明らかにする、よりどころとなる事や物。

エ

丹精：真心。また、真心を込めて物事をすること。
出例 丹念

ア

濃淡：色や味などの、こいことと、うすいこと。
出例 淡泊／淡白／冷淡

イ

端整：姿・形などが美しくととのっていること。
出例 先端／端正／端的

次の＿＿線の**カタカナ**にあてはまる漢字をそれぞれの**ア～オ**から**一つ**選び、**記号**を答えよ。

☑ **01** 天馬が空を力ける。

☑ **02** 畑の雑草を力る。

☑ **03** 茶わんが力けてしまった。

| ア 書 |
| イ 兼 |
| ウ 刈 |
| エ 駆 |
| オ 欠 |

☑ **04** 内容は説明書に記サイされている。

☑ **05** 鮮やかな色サイの絵画だ。

☑ **06** 長いサイ月が流れた。

| ア 歳 |
| イ 済 |
| ウ 裁 |
| エ 彩 |
| オ 載 |

☑ **07** 人々の健康と幸福をキ念する。

☑ **08** トラブル続きで数キな運命をたどる。

☑ **09** そんな話はキ上の空論だ。

| ア 祈 |
| イ 輝 |
| ウ 奇 |
| エ 机 |
| オ 鬼 |

解 答	解 説
エ	駆ける：人や動物などが速く走る。馬に乗って走らせる。 出例 駆る
ウ	刈る：草や頭髪など、伸びて茂っている物を、根本を残して切り取る。
オ	欠ける：物の一部が壊れる。要素が不足している。おろそかになる。 出例 欠く
オ	記載：書類などに書いてしるすこと。 出例 積載／満載／連載
エ	色彩：いろどり、色合い。 物事の様子や傾向。 出例 極彩色／光彩／精彩
ア	歳月：年月のこと。 出例 歳時記
ア	祈念：神仏にいのり、ねんじること。 出例 祈願
ウ	数奇：めぐり合わせが悪いこと。 出例 奇抜／奇術／好奇心
エ	机上：つくえのうえ。 （豆）「机上の空論」は頭の中だけの考えで、実際には役に立たないこと

読み　同音・同訓異字　漢字識別　熟語の構成　部首　対義語・類義語　漢字と送りがな　四字熟語　誤字訂正　書き取り

同音・同訓異字③

次の＿＿線の**カタカナ**にあてはまる漢字をそれぞれの**ア～オ**から**一つ**選び、**記号**を答えよ。

☑ **01** 劇場に舞台装置が<u>ハン</u>入された。

☑ **02** 市<u>ハン</u>の風邪薬(かぜ)を買う。

☑ **03** 先生がまず模<u>ハン</u>を示した。

ア 繁
イ 般
ウ 搬
エ 販
オ 範

☑ **04** <u>ハク</u>真の演技に圧倒される。

☑ **05** 業績の悪化に<u>ハク</u>車をかける。

☑ **06** 港に船が停<u>ハク</u>している。

ア 泊
イ 迫
ウ 博
エ 薄
オ 拍

☑ **07** <u>ヒ</u>写体をカメラにおさめた。

☑ **08** そろそろ<u>ヒ</u>岸の入りだ。

☑ **09** 危険を回<u>ヒ</u>する。

ア 被
イ 秘
ウ 彼
エ 避
オ 否

解　答	解　説

読み

同音・同訓異字

漢字識別

熟語の構成

部首

対義語・類義語

漢字と送りがな

四字熟語

誤字訂正

書き取り

ウ

搬入：物品をはこび入れること。
出例 搬送／搬出

エ

市販：商店などで売っていること。また、売ること。
出例 販路／販売

オ

模範：見習うべきもの。手本。
出例 範囲／規範／広範

イ

迫真：真にせまっていること。
出例 迫力／気迫／強迫

オ

拍車：乗馬の際に靴のかかとにつける金具。
豆 「拍車をかける」は、物事の進行を一段とはやめること　**出例** 拍手／脈拍

ア

停泊：船がいかりをおろしてとまること。
出例 宿泊

ア

被写体：写真で撮影される人や物、風景などの対象物。
出例 被害／被災／被服

ウ

彼岸：春分の日、秋分の日をそれぞれ中日とした前後7日間。生死を超えた理想の悟りの世界。

エ

回避：危険や面倒な事態をまぬかれようとすること。物事にぶつからないように、さけること。

同音・同訓異字④

次の___線の**カタカナ**にあてはまる漢字をそれぞれの**ア〜オ**から**一つ**選び、**記号**を答えよ。

☐ **01** テストの出題ケイ向を探る。

ア	敬
イ	継
ウ	系
エ	傾
オ	恵

☐ **02** 好景気の恩ケイに浴する。

☐ **03** 師の技をケイ承する。

☐ **04** これは風シがきいた漫画だ。

ア	旨
イ	支
ウ	刺
エ	雌
オ	史

☐ **05** 会の趣シが説明された。

☐ **06** ついにライバルとシ雄を決する。

☐ **07** 母の旧セイは山本だ。

ア	聖
イ	姓
ウ	征
エ	誠
オ	盛

☐ **08** 日本チームが中国へ遠セイする。

☐ **09** 歓迎会はセイ会のうちに終わった。

解答	解説

読み

同音・同訓異字

漢字識別

熟語の構成

部首

対義語・類義語

漢字と送りがな

四字熟語

誤字訂正

書き取り

エ

傾向：物事の性質や状態などが、ある方向にかたむくこと。また、その具合。
出例 傾斜／傾倒

オ

恩恵：めぐみ。いつくしみ。

イ

継承：身分や財産などを受けつぐこと。
出例 継続／後継／後継者

ウ

風刺：社会や権力者の行動や問題点を、嘲笑的に表現して遠回しに批判すること。
出例 刺激／名刺

ア

趣旨：あることを行うときの目的や理由。話や文章などで言おうとしていること。
出例 要旨／主旨／論旨

エ

雌雄：勝ち負けのこと。めすとおす。

イ

旧姓：結婚などで変わる前の名字。
出例 同姓／姓名／改姓

ウ

遠征：調査や試合などの目的で、遠方へ出かけること。
出例 征服

オ

盛会：出席者が多く、会がせい大であること。
出例 盛況／盛大／最盛期

01～05の三つの□に**共通する漢字**を入れて熟語を作れ。漢字は**ア～コ**から**一つ**選び、**記号**を答えよ（06～10も同様）。

☑ **01** □動・物□・□音

ア	在
イ	敏
ウ	搬
エ	騒
オ	護
カ	移
キ	揮
ク	突
ケ	迷
コ	摘

☑ **02** 指□・□出・□発

☑ **03** □速・□感・鋭□

☑ **04** 運□・□送・□入

☑ **05** □走・混□・□子

☑ **06** 好□・□跡・□抜

ア	測
イ	抗
ウ	選
エ	斜
オ	追
カ	撃
キ	奇
ク	瞬
ケ	戦
コ	断

☑ **07** □破・目□・□退

☑ **08** □議・抵□・□争

☑ **09** 傾□・□面・□線

☑ **10** 一□・□時・□発

146

解 答	解 説

読み

同音・同訓異字

漢字識別

熟語の構成

部首

対義語・類義語

漢字と送りがな

四字熟語

誤字訂正

書き取り

エ
騒動：大勢の人が乱れさわぐこと。
物騒：危険なことが起きそうな感じがすること。
騒音：やかましい音。不快に感じる音。

コ
指摘：問題となる特定の事柄を取り上げて示すこと。
摘出：つまみ出すこと。
摘発：悪事などをあばいて公にすること。

イ
敏速：行動などがすばやいこと。
敏感：感覚がするどいこと。
鋭敏：感覚がするどいこと。頭の回転が速いこと。

ウ
運搬：人や物をはこび移すこと。
搬送：荷物などをはこびおくること。
搬入：物品をはこび入れること。

ケ
迷走：道を外れて進むこと。考えが外れて結論が出ないこと。
混迷：混乱して見通しがつかないこと。
迷子：道にまようこと。そうなった人や子ども。

キ
好奇：珍しい物事や未知の事柄。
奇跡：常識で考えられないような不思議な出来事。
奇抜：とっぴで、人の意表をつくこと。

カ
撃破：攻めて敵を負かすこと。
目撃：現場で実際に目で見ること。
撃退：攻めてきた敵をしりぞけること。

イ
抗議：相手の発言や行動などに反対意見を述べること。
抵抗：外部からの力に刃向かい、さからうこと。
抗争：張り合い、あらそうこと。

エ
傾斜：かたむいて、ななめになること。また、その度合い。
斜面：かたむいている面。
斜線：ななめの線。

ク
一瞬：またたきをするほど短い、わずかな時間。
瞬時：またたく間ほどの、ほんのわずかな時間。
瞬発：わずかな間に力を発揮すること。

01～05の三つの□に**共通する漢字**を入れて熟語を作れ。漢字は**ア～コ**から**一つ**選び、記号を答えよ（06～10も同様）。

☑ **01** 養□・繁□・□産

ア	雷
イ	濁
ウ	版
エ	皆
オ	悲
カ	殿
キ	壁
ク	染
ケ	我
コ	殖

☑ **02** □流・汚□・□音

☑ **03** □堂・神□・□様

☑ **04** 絶□・□画・岸□

☑ **05** □鳴・□雨・落□

☑ **06** □替・行□・作□

ア	型
イ	為
ウ	囲
エ	脱
オ	発
カ	到
キ	漫
ク	弾
ケ	司
コ	範

☑ **07** □圧・□力・爆□

☑ **08** 周□・□着・□達

☑ **09** □囲・師□・模□

☑ **10** 散□・□遊・□画

解 答	解 説
コ	養殖：魚介類などを人工的に飼育し、繁しょくさせること。 繁殖：動物・植物が生まれ増えること。 殖産：生産物を増やすこと。産業をさかんにすること。
イ	濁流：にごった水の流れ。 汚濁：よごれてにごること。 濁音：仮名に「 ゛ 」を付けて表すガ・ザ・ダ・バ行の音節。
カ	殿堂：りっぱな建物。その分野の中心的な建物。 神殿：神をまつった建物。 殿様：君主・領主の総称。
キ	絶壁：切り立ったがけ。 壁画：かべや天井などに描かれた絵画。 岸壁：かべのように険しく切り立った岸。
ア	雷鳴：かみなりが鳴ること。またその音。 雷雨：らい鳴をともなって降る激しい雨。 落雷：かみなりが落ちること。
イ	為替：手形や小切手によって決済する方法。 行為：おこない。行動。しわざ。 作為：何かに見せかけるために、わざと手を加えること。作り出すこと。
ク	弾圧：権力者が反対勢力を抑圧すること。 弾力：はね返す力。はずむ力。事情や状況の変化に柔軟に適応できる力。 爆弾：爆発させて殺傷や施設の破壊をする兵器。
カ	周到：よく行き届いて手抜かりのないさま。 到着：目的地につくこと。 到達：目的の場所に行きつくこと。
コ	範囲：特定の区域、限度内。きまり。 師範：手本になること。また、その人。 模範：見習うべきもの。手本。
キ	散漫：ちらばり広がること。とりとめないさま。集中力がないさま。 漫遊：気のむくまま各地をまわること。 漫画：絵や絵とセリフによって表現される画・物語。

読み　同音同訓異字　漢字識別　熟語の構成　部首　対義語・類義語　漢字と送りがな　四字熟語　誤字訂正　書き取り

149

漢字識別③

01〜05の三つの□に**共通する漢字**を入れて熟語を作れ。漢字は**ア〜コ**から**一つ**選び、**記号**を答えよ（**06〜10**も同様）。

☑ **01** □反・距□・別□

☑ **02** □線・□観・路□

☑ **03** 空□・□外・□干

☑ **04** □進・丹□・□鋭

☑ **05** 耐□・□源・激□

ア	震
イ	離
ウ	欄
エ	盤
オ	念
カ	久
キ	精
ク	違
ケ	傍
コ	劇

☑ **06** □曲・遊□・□画

☑ **07** □国・閉□・連□

☑ **08** 悲□・□劇・陰□

☑ **09** □放・解□・□明

☑ **10** □撃・世□・□名

ア	釈
イ	惨
ウ	影
エ	戯
オ	屈
カ	鎖
キ	襲
ク	攻
ケ	説
コ	覧

解 答 ・ 解 説

解答	解説
イ	離反：従っていた者が、はなれ背くこと。 距離：二つの物の間。物事に感じられるへだたり。 別離：わかれること。わかれ。
ケ	傍線：文章・単語などの横に引いた線。 傍観：そのことにかかわり合いにならず、ただそばで見ていること。 路傍：道のかたわら。道端。
ウ	空欄：文字などが書かれていない空白のらん。 欄外：紙面の印刷部分の外。線で囲まれた部分の外。 欄干：人が落ちるのを防ぐための作り物。
キ	精進：仏道修行に専心すること。懸命に努力すること。 丹精：心を込めて物事を行うこと。 精鋭：えりぬきのすぐれた人や兵士。
ア	耐震：地しんに強く、たえられること。 震源：地球の内部で最初に地しん波を発生した場所。 激震：はげしいゆれをともなう地しん。
エ	戯曲：上演のために書かれた演劇の脚本。また、同形式で書かれた文学作品。 遊戯：遊びごと。音楽に合わせた踊りや運動。 戯画：たわむれに描いた絵。
カ	鎖国：国が、外国との交流を禁止または極度に制限すること。 閉鎖：出入り口などをとじること。施設などをとじて、活動を停止すること。 連鎖：互いにつながり、かかわり合っていること。またそのつながり。
イ	悲惨：見ていられないほど悲しくいたましいこと。また、そのさま。 惨劇：痛ましい内容の劇、また出来事・事件。 陰惨：見るに耐えないほど暗く痛ましいさま。
ア	釈放：捕まえられていた人物が解放されること。 解釈：文章や物事の意味を理解すること。またその説明。 釈明：自分の立場や事情を説明して理解を求めること。
キ	襲撃：不意をついて敵を攻撃すること。 世襲：身分や財産、職業などを、子孫が代々受け継いでいくこと。 襲名：親や師匠などの名前を受け継ぐこと。

読み　同音・同訓異字　漢字識別　熟語の構成　部首　対義語・類義語　漢字と送りがな　四字熟語　誤字訂正　書き取り

漢字識別④

01～05の三つの□に**共通する漢字**を入れて熟語を作れ。漢字はア～コから**一つ**選び、**記号**を答えよ（06～10も同様）。

☑ **01** 寝□・□下・起□

ア	床
イ	激
ウ	復
エ	微
オ	潔
カ	沈
キ	詳
ク	蓄
ケ	振
コ	有

☑ **02** □細・□報・不□

☑ **03** □動・□興・不□

☑ **04** 貯□・含□・□積

☑ **05** □着・浮□・□痛

☑ **06** 圧□・□壊・傾□

ア	準
イ	震
ウ	倒
エ	唱
オ	依
カ	制
キ	伝
ク	盤
ケ	占
コ	継

☑ **07** 基□・終□・地□

☑ **08** □然・□存・□頼

☑ **09** □承・□続・中□

☑ **10** □拠・独□・□領

解 答	解 説
ア	寝床：ねるために設けたところ。 床下：ゆかの下。 起床：ふとんなどから起き出すこと。
キ	詳細：細部にわたってくわしいこと。 詳報：くわしい報告。 不詳：くわしくはわからないこと。
ケ	振動：ゆれうごくこと。 振興：産業や学術などをさかんにすること。また、さかんになること。 不振：勢いや成績などがふるわないこと。
ク	貯蓄：財貨をためること。またその財貨。 含蓄：ふくみをもつこと。深い意味がこめられていること。 蓄積：たくわえること。また、たくわえたもの。
カ	沈着：底にたまって付着すること。落ち着き、物事に動じないこと。 浮沈：うくことと、しずむこと。栄えることと、おとろえること。 沈痛：深い悲しみなどに心をいためること。
ウ	圧倒：はるかにすぐれた力で他を押さえつけること。 倒壊：建物などがたおれてこわれること。 傾倒：かたむきたおれること。あることに夢中になること。
ク	基盤：物事の土台となるもののこと。 終盤：物事が終わりに近づく時期または段階。 地盤：地面。土台。勢力の範囲。
オ	依然：前のとおり、もとのままであるさま。 依存：他にたよって存在・成立すること。 依頼：他人に用件をたのむこと。たよりにすること。
コ	継承：身分や財産などを受けつぐこと。 継続：以前からの状態や、していたことがそのまま続くこと。 中継：中間で受けつぐこと。
ケ	占拠：自分のものとして他人を立ち入らせないこと。 独占：自分一人のものにすること。 占領：場所を独りじめすること。

読み 同音・同訓異字 漢字識別 熟語の構成 部首 対義語・類義語 漢字と送りがな 四字熟語 誤字訂正 書き取り

熟語の構成①

熟語の構成のしかたには右の□のようなものがある。次の熟語は□の**ア〜オ**のどれにあたるか、**一つ選び記号**を答えよ。

☑ **01** 起 床

☑ **02** 清 濁

☑ **03** 無 為

☑ **04** 平 凡

☑ **05** 濃 淡

☑ **06** 帰 途

☑ **07** 未 詳

☑ **08** 運 搬

☑ **09** 珍 事

☑ **10** 執 筆

ア 同じような意味の漢字を重ねたもの
（例＝**善良**）

イ 反対または対応の意味を表す字を重ねたもの
（例＝**細大**）

ウ 前の字が後ろの字を修飾しているもの
（例＝**美談**）

エ 後ろの字が前の字の目的語・補語になっているもの
（例＝**点火**）

オ 前の字が後ろの字の意味を打ち消しているもの
（例＝**不当**）

解 答		解 説

エ（目・補）　起床（きしょう）　起（きる）←目・補　床（寝床から）
寝床から起き出すこと。

イ（反対）　清濁（せいだく）　清（すんでいる）←反→濁（っている）

オ（打消）　無為（むい）　無（否定）×←打消　為（行う）

ア（同じ）　平凡（へいぼん）　平　同　凡
どちらも「ふつう」の意。

イ（反対）　濃淡（のうたん）　濃（い）←反→淡（い）
色や味などの、こいことと、うすいこと。

ウ（修飾）　帰途（きと）　帰（る）　修→途（中）

オ（打消）　未詳（みしょう）　未（否定）×←打消　詳（しい）

ア（同じ）　運搬（うんぱん）　運　同　搬
どちらも「物をはこぶ」の意。

ウ（修飾）　珍事（ちんじ）　珍（しい）　修→事（できごと）

エ（目・補）　執筆（しっぴつ）　執（る）←目・補　筆（を）
筆を手にとって、文章を書くこと。

読み　同音・同訓異字　漢字識別　熟語の構成　部首　対義語・類義語　漢字と送りがな　四字熟語　誤字訂正　書き取り

155

熟語の構成②

熟語の構成のしかたには右の□のようなものがある。次の熟語は□のア～オのどれにあたるか、一つ選び記号を答えよ。

☑ 01 違 反

☑ 02 耐 震

☑ 03 仰 天

☑ 04 思 慮

☑ 05 無 恥

☑ 06 未 熟

☑ 07 空 欄

☑ 08 功 罪

☑ 09 着 脱

☑ 10 斜 面

ア 同じような意味の漢字を重ねたもの
（例＝善良）

イ 反対または対応の意味を表す字を重ねたもの
（例＝細大）

ウ 前の字が後ろの字を修飾しているもの
（例＝美談）

エ 後ろの字が前の字の目的語・補語になっているもの
（例＝点火）

オ 前の字が後ろの字の意味を打ち消しているもの
（例＝不当）

解 答	解 説
ア（同じ）違反	違 =同= 反 どちらも「規則などにそむく」の意。
エ（目・補）耐震	耐（える）←目・補 震（地震に） 地震に強く、たえられること。
エ（目・補）仰天	仰（ぐ）←目・補 天（を）
ア（同じ）思慮	思 =同= 慮 どちらも「かんがえ」の意。
オ（打消）無恥	無（否定）×←打消 恥（ずかしく思う）
オ（打消）未熟	未（否定）×←打消 熟（うれる） 学業や技術の習熟が十分でないこと。
ウ（修飾）空欄	空（の） 修→欄（わく）
イ（反対）功罪	功（てがら）←反→罪
イ（反対）着脱	着（る）←反→脱（ぐ）
ウ（修飾）斜面	斜（傾いている） 修→面

読み / 同音・同訓異字 / 漢字識別 / 熟語の構成 / 部首 / 対義語・類義語 / 漢字と送りがな / 四字熟語 / 誤字訂正 / 書き取り

熟語の構成③

熟語の構成のしかたには右の□のようなものがある。次の熟語は□の**ア～オ**のどれにあたるか、**一つ選び記号**を答えよ。

☑ **01** 更 衣

☑ **02** 傍 線

☑ **03** 優 劣

☑ **04** 師 弟

☑ **05** 未 完

☑ **06** 荒 野

☑ **07** 不 惑

☑ **08** 新 鮮

☑ **09** 繁 茂

☑ **10** 乾 杯

ア 同じような意味の漢字を重ねたもの
（例＝**善良**）

イ 反対または対応の意味を表す字を重ねたもの
（例＝**細大**）

ウ 前の字が後ろの字を修飾しているもの
（例＝**美談**）

エ 後ろの字が前の字の目的語・補語になっているもの
（例＝**点火**）

オ 前の字が後ろの字の意味を打ち消しているもの
（例＝**不当**）

解 答	解 説	
エ（目・補）	<ruby>更衣<rt>こう い</rt></ruby>	更（かえる）←**目・補** 衣（を）
ウ（修飾）	<ruby>傍線<rt>ぼうせん</rt></ruby>	傍（かたわらにある） **修**→線
イ（反対）	<ruby>優劣<rt>ゆうれつ</rt></ruby>	優（れる）← **反** →劣（る） すぐれていることと、おとっていること。
イ（反対）	<ruby>師弟<rt>し てい</rt></ruby>	師（先生）← **反** →弟（生徒）
オ（打消）	<ruby>未完<rt>み かん</rt></ruby>	未（否定）×←**打消** 完（成）
ウ（修飾）	<ruby>荒野<rt>こう や</rt></ruby>	荒（れた） **修**→野（原）
オ（打消）	<ruby>不惑<rt>ふ わく</rt></ruby>	不（否定）×←**打消** 惑（う）
ア（同じ）	<ruby>新鮮<rt>しんせん</rt></ruby>	新 **＝同＝** 鮮 どちらも「あたらしい」の意。
ア（同じ）	<ruby>繁茂<rt>はん も</rt></ruby>	繁 **＝同＝** 茂 どちらも「おいしげる」の意。
エ（目・補）	<ruby>乾杯<rt>かんぱい</rt></ruby>	乾（空にする）←**目・補** 杯（さかずきを）

読み／同音・同訓異字／漢字識別／熟語の構成／部首／対義語・類義語／漢字と送りがな／四字熟語／誤字訂正／書き取り

159

熟語の構成のしかたには右の□のようなものがある。次の熟語は□のア〜オのどれにあたるか、**一つ選び記号**を答えよ。

☑ **01** 不 沈

☑ **02** 追 跡

☑ **03** 鋭 敏

☑ **04** 配 慮

☑ **05** 遅 速

☑ **06** 豪 雨

☑ **07** 離 合

☑ **08** 未 納

☑ **09** 休 暇

☑ **10** 多 岐

ア 同じような意味の漢字を重ねたもの
（例＝**善良**）

イ 反対または対応の意味を表す字を重ねたもの
（例＝**細大**）

ウ 前の字が後ろの字を修飾しているもの
（例＝**美談**）

エ 後ろの字が前の字の目的語・補語になっているもの
（例＝**点火**）

オ 前の字が後ろの字の意味を打ち消しているもの
（例＝**不当**）

解 答	解 説	

オ（打消） 不沈（ふちん）　不(否定)× ←打消 沈(む)

エ（目・補） 追跡（ついせき）　追(う) ←目・補 跡(を)
逃げる者のあとを追うこと。物事の経過をたどること。

ア（同じ） 鋭敏（えいびん）　鋭 ＝同＝ 敏
どちらも「さとい」の意。

エ（目・補） 配慮（はいりょ）　配(る) ←目・補 慮(あれこれ考えを)

イ（反対） 遅速（ちそく）　遅(い) ← 反 → 速(い)

ウ（修飾） 豪雨（ごうう）　豪(はげしい) 修→ 雨

イ（反対） 離合（りごう）　離(れる) ← 反 → 合(わさる)

オ（打消） 未納（みのう）　未(否定)× ←打消 納(める)

ア（同じ） 休暇（きゅうか）　休(み) ＝同＝ 暇(やすみ)

ウ（修飾） 多岐（たき）　多(たくさんの) 修→ 岐(分かれ道)

読み／同音・同訓異字／漢字識別／熟語の構成／部首／対義語・類義語／漢字と送りがな／四字熟語／誤字訂正／書き取り

161

次の漢字の**部首**を**ア～エ**から**一つ**選び、**記号**で答えよ。

☑ **01**	歳	ア 止	イ 厂	ウ 小	エ 戈
☑ **02**	獲	ア 又	イ 艹	ウ 隹	エ 犭
☑ **03**	帽	ア 目	イ 巾	ウ 日	エ 丨
☑ **04**	歓	ア 人	イ 隹	ウ 二	エ 欠
☑ **05**	豪	ア 口	イ 冖	ウ 亠	エ 豕
☑ **06**	鬼	ア 田	イ 鬼	ウ ム	エ 儿
☑ **07**	釈	ア 木	イ 采	ウ 尸	エ 米
☑ **08**	躍	ア 𧾷	イ 口	ウ 隹	エ 止
☑ **09**	再	ア 十	イ 一	ウ 田	エ 冂
☑ **10**	更	ア ノ	イ 日	ウ 一	エ 曰
☑ **11**	圏	ア 囗	イ 己	ウ 人	エ 二
☑ **12**	秀	ア 禾	イ 木	ウ ノ	エ 十
☑ **13**	至	ア 一	イ 土	ウ ム	エ 至
☑ **14**	賦	ア 二	イ 止	ウ 貝	エ 目
☑ **15**	隷	ア 示	イ 小	ウ 士	エ 隶

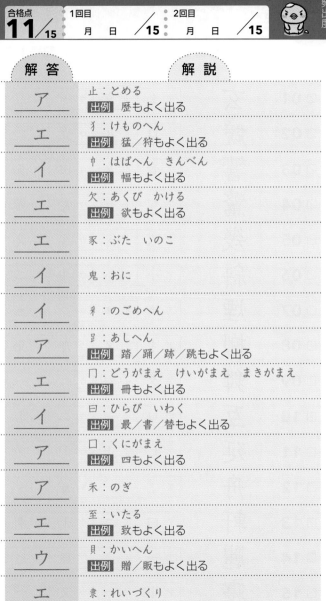

解 答	解 説
ア	止：とめる **出例** 歴もよく出る
エ	犭：けものへん **出例** 猛／狩もよく出る
イ	巾：はばへん きんべん **出例** 幅もよく出る
エ	欠：あくび かける **出例** 欲もよく出る
エ	豕：ぶた いのこ
イ	鬼：おに
イ	釆：のごめへん
ア	𧾷：あしへん **出例** 踏／踊／跡／跳もよく出る
エ	冂：どうがまえ けいがまえ まきがまえ **出例** 冊もよく出る
イ	曰：ひらび いわく **出例** 最／書／替もよく出る
ア	囗：くにがまえ **出例** 四もよく出る
ア	禾：のぎ
エ	至：いたる **出例** 致もよく出る
ウ	貝：かいへん **出例** 贈／販もよく出る
エ	隶：れいづくり

読 み

同音・同訓異字

漢字識別

熟語の構成

部 首

対義語・類義語

漢字と送りがな

四字熟語

誤字訂正

書き取り

部首②

次の漢字の**部首**を**ア〜エ**から**一つ**選び、**記号**で答えよ。

☐ **01** 玄	ア 幺 イ 玄 ウ 亠 エ ム		
☐ **02** 競	ア 口 イ 儿 ウ 立 エ 二		
☐ **03** 響	ア 音 イ 幺 ウ 日 エ 阝		
☐ **04** 驚	ア 勹 イ 艹 ウ 攵 エ 馬		
☐ **05** 幾	ア 人 イ 丶 ウ 幺 エ 戈		
☐ **06** 斜	ア 小 イ 人 ウ 斗 エ 二		
☐ **07** 煙	ア 火 イ 西 ウ 二 エ 土		
☐ **08** 搬	ア 扌 イ 又 ウ 舟 エ 殳		
☐ **09** 舞	ア 夕 イ 舛 ウ 二 エ 一		
☐ **10** 互	ア 口 イ 一 ウ 二 エ 丨		
☐ **11** 延	ア 廴 イ 止 ウ 丨 エ ノ		
☐ **12** 舟	ア 丿 イ 一 ウ 舟 エ 丶		
☐ **13** 軒	ア 曰 イ 二 ウ 干 エ 車		
☐ **14** 麗	ア 一 イ 广 ウ 鹿 エ 比		
☐ **15** 寝	ア 丨 イ 宀 ウ 又 エ 宀		

解 答	解 説
イ	玄：げん **出例** 率もよく出る
ウ	立：たつ **出例** 童／章もよく出る
ア	音：おと **出例** 音もよく出る
エ	馬：うま
ウ	幺：よう いとがしら
ウ	斗：とます
ア	火：ひへん **出例** 燥／爆もよく出る
ア	扌：てへん **出例** 握／援／提もよく出る
イ	舛：まいあし
ウ	二：に
ア	廴：えんにょう いんにょう **出例** 建もよく出る
ウ	舟：ふね
エ	車：くるまへん **出例** 較もよく出る
ウ	鹿：しか
イ	宀：うかんむり **出例** 寂／察／富／密もよく出る

読み / 同音・同訓異字 / 漢字識別 / 熟語の構成 / 部首 / 対義語・類義語 / 漢字と送りがな / 四字熟語 / 誤字訂正 / 書き取り

165

対義語・類義語①

右の□内のひらがなを一度だけ使い、漢字**一字**に
直して□に入れ、**対義語・類義語**を作れ。

対義語

☐ 01　利益 ↔ □失

☐ 02　攻撃 ↔ □御

☐ 03　起床 ↔ □寝

☐ 04　強固 ↔ 薄□

☐ 05　建設 ↔ □壊

類義語

☐ 06　容認 ＝ □可

☐ 07　雑踏 ＝ □雑

☐ 08　即刻 ＝ □速

☐ 09　風刺 ＝ 皮□

☐ 10　使命 ＝ 責□

きょ
こん
さっ
じゃく
しゅう
そん
にく
は
ぼう
む

解答 / 解説

損失（そんしつ）
利益：利すること。もうけ。
損失：財産や利益などを失うこと。

防御（ぼうぎょ）
攻撃：相手をせめうつこと。相手を非難すること。
防御：ふせぎ守ること。

就寝（しゅうしん）
起床：寝床から起き出すこと。
就寝：眠りにつくこと。寝床に入ること。

薄弱（はくじゃく）
強固：つよくしっかりしているさま。
薄弱：意志や体力がよわいこと。頼りないさま。

破壊（はかい）
建設：たて物や組織などを新たにつくること。
破壊：うちこわすこと。こわれること。

許可（きょか）
容認：みとめてゆるすこと。
許可：願いを聞いてゆるすこと。
出例 承認＝許可

混雑（こんざつ）
雑踏：多くの人でこみ合うこと。ひとごみ。
混雑：多くの人や物が無秩序に入り乱れること。こみ合うこと。

早速（さっそく）
即刻：すぐさま。
早速：すぐ行うこと。
出例 即座＝早速

皮肉（ひにく）
風刺：社会や人物の欠点や問題点を、嘲笑的に表現して遠回しに批判すること。
皮肉：欠点を意地悪く遠まわしに突くこと。

責務（せきむ）
使命：使者として命じられたつとめ。与えられた重大な任む。
責務：果たさねばならないつとめ。

読み／同音・同訓異字／漢字識別／熟語の構成／部首／対義語・類義語／漢字と送りがな／四字熟語／誤字訂正／書き取り

対義語・類義語②

右の□内のひらがなを一度だけ使い、漢字**一字**に直して□に入れ、**対義語・類義語**を作れ。

対義語

☑ **01** 在宅 ↔ □守

☑ **02** 大要 ↔ □細

☑ **03** 起床 ↔ 就□

☑ **04** 加盟 ↔ □退

☑ **05** 浮上 ↔ □下

類義語

☑ **06** 運搬 = □送

☑ **07** 腕前 = 技□

☑ **08** 最初 = 冒□

☑ **09** 変更 = □定

☑ **10** 薄情 = □淡

| かい |
| しょう |
| しん |
| だっ |
| ちん |
| とう |
| ゆ |
| りょう |
| る |
| れい |

解　答	解　説
<ruby>留<rt>る</rt></ruby><ruby>守<rt>す</rt></ruby>	在宅：自宅にいること。 留守：外出して家にいないこと。
<ruby>詳<rt>しょう</rt></ruby><ruby>細<rt>さい</rt></ruby>	大要：だいたいの要点。あらまし。 詳細：細部にわたってくわしいこと。くわしい事情。
<ruby>就<rt>しゅう</rt></ruby><ruby>寝<rt>しん</rt></ruby>	起床：寝床から起き出すこと。 就寝：眠りにつくこと。寝床に入ること。
<ruby>脱<rt>だっ</rt></ruby><ruby>退<rt>たい</rt></ruby>	加盟：団体や組織などに一員として加わること。 脱退：所属団体などから抜けること。
<ruby>沈<rt>ちん</rt></ruby><ruby>下<rt>か</rt></ruby>	浮上：水面に浮かび上がること。成績などが上位になること。表面にあらわれること。 沈下：しずんで、下がること。
<ruby>輸<rt>ゆ</rt></ruby><ruby>送<rt>そう</rt></ruby>	運搬：人や物をはこび移すこと。 輸送：車や船で人や品物を運ぶこと。
<ruby>技<rt>ぎ</rt></ruby><ruby>量<rt>りょう</rt></ruby>	腕前：物事をたくみにやりこなすぎ術・能力。 技量：物事を行う腕前。手並み。 出例 手腕 ＝ 技量
<ruby>冒<rt>ぼう</rt></ruby><ruby>頭<rt>とう</rt></ruby>	最初：一番はじめ。 冒頭：文章の先頭部分のこと。
<ruby>改<rt>かい</rt></ruby><ruby>定<rt>てい</rt></ruby>	変更：かえてあらためること。 改定：従来の規則などを新しくすること。
<ruby>冷<rt>れい</rt></ruby><ruby>淡<rt>たん</rt></ruby>	薄情：人情にうすいこと。愛情のうすいこと。 冷淡：思いやりや同情心のないこと。

読み

同音・同訓異字

漢字識別

熟語の構成

部首

対義語・類義語

漢字と送りがな

四字熟語

誤字訂正

書き取り

169

右の□内のひらがなを一度だけ使い、漢字**一字**に直して□に入れ、**対義語・類義語**を作れ。

対義語

☐ **01** 厳寒 ↔ □暑

☐ **02** 野党 ↔ □党

☐ **03** 遠方 ↔ 近□

☐ **04** 損失 ↔ 利□

☐ **05** 短縮 ↔ □長

類義語

☐ **06** 名誉 ＝ □光

☐ **07** 理由 ＝ □拠

☐ **08** 支援 ＝ □力

☐ **09** 追憶 ＝ 回□

☐ **10** 永眠 ＝ □界

えい
えき
えん
こん
じょ
そう
た
もう
よ
りん

解 答	解 説

猛暑 <small>もうしょ</small>

厳寒：非常に寒いこと。
猛暑：きびしい暑さ。

与党 <small>よ とう</small>

野党：政党政治において、政権を担当していない政党。
与党：政党政治で政権を担当している政党。

近隣 <small>きんりん</small>

遠方：遠くの方。遠い所。
近隣：ごく近いあたり。近いところ。

利益 <small>り えき</small>

損失：財産や利益などを失うこと。
利益：もうけ。
出例 損害 ↔ 利益

延長 <small>えんちょう</small>

短縮：時間や距離をちぢめてみじかくすること。
延長：長さや期間をのばすこと。のびること。

栄光 <small>えいこう</small>

名誉：よい評価を得ていること。
栄光：大きな名誉。めでたい光。

根拠 <small>こんきょ</small>

理由：物事をそのように判断したわけ。
根拠：推論や判断、言動を成り立たせるよりどころ。 出例 原因 ＝ 根拠

助力 <small>じょりょく</small>

支援：他人が力を貸してたすけること。
助力：他人の行いなどをたすけること。
出例 加勢 ＝ 助力

回想 <small>かいそう</small>

追憶：過去を思い出すこと。
回想：過去のことを振り返り、思いをめぐらすこと。

他界 <small>た かい</small>

永眠：永遠の眠りにつくこと。死ぬこと。
他界：死後の世界。死ぬこと。

対義語・類義語④

右の□内のひらがなを一度だけ使い、漢字**一字**に直して□に入れ、**対義語・類義語**を作れ。

対義語

☑ **01** 陰性 ↔ □性

☑ **02** 相違 ↔ 一□

☑ **03** 冒頭 ↔ 末□

☑ **04** 加入 ↔ □脱

☑ **05** 進撃 ↔ □却

類義語

☑ **06** 結束 = □結

☑ **07** 入手 = 獲□

☑ **08** 周到 = 入□

☑ **09** 健康 = 丈□

☑ **10** 回想 = 追□

おく
たい
だん
ち
とく
ねん
び
ぶ
よう
り

解答	解説
陽性 ようせい	陰性：消極的で陰気なこと。ある刺激に対して反応のないこと。 陽性：よう気な性質。ある刺激に対して反応のあること。
一致 いっち	相違：二つのものが互いにちがっていること。 一致：二つの物に違いがなく、ぴったり合うこと。
末尾 まつび	冒頭：文章の先頭部分のこと。 末尾：文章の最後の部分のこと。
離脱 りだつ	加入：団体・組織などに加わること。 離脱：ある状態や、属していたところから抜け出ること。
退却 たいきゃく	進撃：前進して攻撃すること。 退却：戦いに敗れてしりぞくこと。
団結 だんけつ	結束：ばらばらのものを一つに束ねること。 団結：共通の目的のために一つにまとまること。
獲得 かくとく	入手：手に入れること。 獲得：手に入れること。努力してえること。
入念 にゅうねん	周到：よく行き届いて手抜かりのないさま。 入念：細かいところまで行き届き、ていねいなこと。
丈夫 じょうぶ	健康：体の状態。体に悪いところがないこと。考え方が正常なこと。 丈夫：健康であること。元気なさま。物が壊れにくいこと。
追憶 ついおく	回想：過去のことを振り返り、思いをめぐらすこと。 追憶：過去を思い出すこと。

縦書き側ラベル：読み／同音・同訓異字／漢字識別／熟語の構成／部首／対義語・類義語／漢字と送りがな／四字熟語／誤字訂正／書き取り

対義語・類義語⑤

右の□内のひらがなを一度だけ使い、漢字**一字**に
直して□に入れ、**対義語・類義語**を作れ。

対義語

☑ **01** 例外 ↔ 原□

☑ **02** 甘言 ↔ □言

☑ **03** 先祖 ↔ 子□

☑ **04** 年頭 ↔ 歳□

☑ **05** 近海 ↔ 遠□

類義語

☑ **06** 用心 = 警□

☑ **07** 身長 = 背□

☑ **08** 周到 = □密

☑ **09** 筋道 = 脈□

☑ **10** 沈着 = □静

かい
く
そく
そん
たけ
まつ
めん
よう
らく
れい

解　答	解　説

読み ・ 同音・同訓異字 ・ 漢字識別 ・ 熟語の構成 ・ 部首 ・ 対義語・類義語 ・ 漢字と送りがな ・ 四字熟語 ・ 誤字訂正 ・ 書き取り

原則（げんそく）
例外：原そくに当てはまらないこと。
原則：多くの場合に当てはまる基本的な規そくや法そく。

苦言（くげん）
甘言：相手の気に入るように巧みに言う言葉。
苦言：言いにくいことだが、相手のためを思ってあえて言う忠告。

子孫（しそん）
先祖：その家系の先代までの人々。
子孫：子からまご、まごからまたその子へと血筋をひいて生まれる人々。 出例 祖先 ↔ 子孫

歳末（さいまつ）
年頭：年のはじめ。年初。
歳末：年の暮れ。年まつ。
出例 年始 ↔ 歳末

遠洋（えんよう）
近海：陸から近い海。
遠洋：陸地から離れた海。

警戒（けいかい）
用心：万一に備えてあらかじめ注意すること。
警戒：危険などに備えて、用心すること。

背丈（せたけ）
身長：せの高さ。
背丈：せの高さ。洋裁で、せ中側の首の付け根から腰までの長さ。

綿密（めんみつ）
周到：よく行き届いて手抜かりのないさま。
綿密：すみずみまで行き届いているさま。
出例 詳細 ＝ 綿密

脈絡（みゃくらく）
筋道：物事の道理。物事を行う際の順序。
脈絡：物事の必然的なつながり。すじみち。

冷静（れいせい）
沈着：落ちついていること。底にたまって付着すること。
冷静：感情に動かされず、落ちついていること。

対義語・類義語⑥

右の□内のひらがなを一度だけ使い、漢字**一字**に直して□に入れ、**対義語・類義語**を作れ。

対義語

☑ **01** 慎重 ↔ □率

☑ **02** 被告 ↔ □告

☑ **03** 終盤 ↔ □盤

☑ **04** 決定 ↔ 保□

☑ **05** 中止 ↔ 継□

類義語

☑ **06** 永遠 = 恒□

☑ **07** 普通 = 尋□

☑ **08** 失業 = 失□

☑ **09** 憶測 = □量

☑ **10** 苦労 = □儀

きゅう

けい

げん

じょ

じょう

しょく

すい

ぞく

なん

りゅう

解　答	解　説	
軽率 けいそつ	慎重	注意深くし、かるはずみな行動をとらないこと。
	軽率	注意深く考えずにかるはずみに行動をすること。
原告 げんこく	被告	民事・行政訴訟で訴えられた者。
	原告	民事訴訟・行政訴訟で訴えを起こし、裁判を請求する側の者。
序盤 じょばん	終盤	ひと続きの物事のおわりの段階。
	序盤	ひと続きの物事のはじめの段階。
保留 ほりゅう	決定	あることを決めること。
	保留	そのままの状態でとどめておくこと。
継続 けいぞく	中止	途中で止めること。また、計画を取りやめにすること。
	継続	以前からの状態や、していたことがそのまま続くこと。また、続けること。**出例** 中断 ↔ 継続
恒久 こうきゅう	永遠	果てしなく続くこと。
	恒久	ある状態がひさしく変わらないこと。
尋常 じんじょう	普通	特に変わったところがないこと。
	尋常	普通であること。
失職 しっしょく	失業	仕事を失うこと。
	失職	仕事を失うこと。
推量 すいりょう	憶測	根拠もなく、自分勝手におしはかること。
	推量	おしはかること。
難儀 なんぎ	苦労	力を尽くし、苦しい思いをすること。また、励むこと。
	難儀	苦しむこと。むずかしいこと。

読み

同音・同訓異字

漢字識別

熟語の構成

部首

対義語・類義語

漢字と送りがな

四字熟語

誤字訂正

書き取り

177

対義語・類義語⑦

右の□内のひらがなを一度だけ使い、漢字**一字**に
直して□に入れ、**対義語・類義語**を作れ。

対義語

☑ **01** 冒頭 ↔ □尾

☑ **02** 却下 ↔ 受□

☑ **03** 加熱 ↔ □却

☑ **04** 不和 ↔ 円□

☑ **05** 老齢 ↔ □年

類義語

☑ **06** 隷属 ＝ 服□

☑ **07** 修理 ＝ □修

☑ **08** 推量 ＝ 憶□

☑ **09** 堤防 ＝ □手

☑ **10** 対照 ＝ □較

じゅう
そく
ど
ひ
ほ
まつ
まん
よう
り
れい

合格点
7/10

1回目
月　日　/10

2回目
月　日　/10

頻出度
B

読み

同音・同訓異字

漢字識別

熟語の構成

部首

対義語・類義語

漢字と送りがな

四字熟語

誤字訂正

書き取り

解答	解説
末尾（まつび）	冒頭：文章の先頭部分のこと。 末尾：文章の最後の部分のこと。
受理（じゅり）	却下：申請や願い事を受け付けず退けること。差しもどすこと。 受理：受け付けること。
冷却（れいきゃく）	加熱：物に熱を加えること。 冷却：ひえること。ひやすこと。
円満（えんまん）	不和：仲が悪いこと。 円満：調和がとれていて穏やかなこと。また、そのさま。
幼年（ようねん）	老齢：年をとっていること。高齢。 幼年：おさない年齢。子ども。
服従（ふくじゅう）	隷属：他の支配下にあり、その言いなりになること。 服従：他の意志や命令につきしたがうこと。
補修（ほしゅう）	修理：壊れた部分に手を加え、再び使用できるようにすること。 補修：壊れた部分などをつくろうこと。
憶測（おくそく）	推量：おしはかること。 憶測：根拠もなく、自分勝手におしはかること。
土手（どて）	堤防：河川の氾濫や海水の浸入などを防ぐために岸にそってつくられた構築物。つつみ。 土手：水や風を防ぐ堤防。
比較（ひかく）	対照：他とてらし合わせてくらべること。二つの物の相違点が際だつこと。 比較：二つ以上の物をくらべ合わせること。

漢字と送りがな①

次の＿＿線の**カタカナ**を**漢字一字**と**送りがな（ひらがな）**に直せ。　質問に**コタエル**。 答える

☑ **01** 先頭との距離が**チヂマル**。

☑ **02** 山頂で朝日を**オガム**。

☑ **03** よい香りが部屋中に**ミチル**。

☑ **04** **キタナイ**手で食べ物を触ってはいけない。

☑ **05** あえてこの地位に**アマンジル**。

☑ **06** 突然、ネコが飛び出してきて**オドロク**。

☑ **07** その人物の正体が**アキラカニ**なる。

☑ **08** すりガラスの向こう側が**スケテ**見える。

☑ **09** 皿が少し**カケル**。

☑ **10** 並み居る敵を**シリゾケル**。

合格点	1回目	2回目
7/10	月 日 /**10**	月 日 /**10**

解 答	解 説
縮まる	縮まる：間隔などが短くなる。ちぢんで小さくなる。 **出例** 縮れる **音読** シュク
拝む	拝む：神仏などの前で、手を合わせたり礼をしたりして祈る。心から願う。 **音読** ハイ
満ちる	満ちる：いっぱいになる。欠けたところがなくなる。 **音読** マン
汚い	汚い：よごれていて不潔である。 **出例** 汚れる
甘んじる	甘んじる：しかたがないと思ってがまんする。そのまま受け入れる。あまんずる。 **出例** 甘える／甘やかす
驚く	驚く：びっくりする。感心したりあきれたりする。 **出例** 驚かす
明らかに	明らかだ：はっきりとしていて、疑いをはさむ余地のないさま。 **出例** 明くる／明らか
透けて	透ける：物を通して向こう側が見える。
欠ける	欠ける：一部分が壊れてとれる。そろっていた物の一部分がなくなる。 **音読** ケツ
退ける	退ける：撃たいする。後ろへ下がらせる。 **出例** 退く **音読** タイ

読み

同音・同訓異字

漢字識別

熟語の構成

部首

対義語・類義語

漢字と送りがな

四字熟語

誤字訂正

書き取り

漢字と送りがな②

次の＿＿＿線の**カタカナ**を**漢字一字**と**送りがな（ひらがな）**に直せ。　　質問に<u>コタエル</u>。答える

☑ **01** ビタミン不足を果物で<u>オギナウ</u>。

☑ **02** 小説家の末席に<u>ツラナル</u>。

☑ **03** 体を動かして眠気を<u>サマス</u>。

☑ **04** 近所の人と<u>シタシク</u>付き合う。

☑ **05** この食品は鉄分を<u>フクム</u>。

☑ **06** 被害が少なくて不幸中の<u>サイワイ</u>だった。

☑ **07** 手首を<u>サワッテ</u>脈拍を確認する。

☑ **08** 月の光が海を<u>テラス</u>。

☑ **09** <u>ヒサシク</u>郷里に帰っていない。

☑ **10** 年上を<u>ウヤマウ</u>のは大切だ。

解 答	解 説
補う	補う：足りないところを満たす。損害などを埋め合わせる。 ☒補なう
連なる	連なる：一列に並んで続く。 音読 レン
覚ます	覚ます：意識を回復させる。 出例 覚める
親しく	親しい：仲がいい。非常に打ち解けている。 出例 親しむ
含む	含む：内に物を包み込んで持つ。心の中に込めている。 出例 含める
幸い	幸い：自分にとって望ましく、ありがたい状態。(副詞的に) 幸いに。運よく。 音読 コウ
触って	触る：手などをふれる。 出例 触れる
照らす	照らす：光をあてる。光をあてて明るくする。
久しく	久しい：長い時間が経過している。しばらくぶりである。
敬う	敬う：相手を尊んで礼をつくす。尊けいする。

読み

同音・同訓異字

漢字識別

熟語の構成

部首

対義語・類義語

漢字と送りがな

四字熟語

誤字訂正

書き取り

183

次の___線の**カタカナ**を**漢字一字**と**送りがな（ひらがな）**に直せ。　質問に<u>コタエル</u>。答える

☑ **01** 両腕を上げて大きく胸を<u>ソラス</u>。

☑ **02** <u>ホシイ</u>服を買うために節約する。

☑ **03** 食品が<u>フタタビ</u>値上げされた。

☑ **04** お茶の生産が<u>サカンナ</u>地域だ。

☑ **05** 特別な使命を<u>オビル</u>。

☑ **06** タヌキに<u>バカサ</u>れたような気分だ。

☑ **07** うそをつくのは<u>ウシロメタイ</u>。

☑ **08** むだ遣いを<u>ヘラス</u>よう努力する。

☑ **09** 新宿に事務所を<u>カマエル</u>。

☑ **10** きちんと<u>アヤマッ</u>たほうがよい。

解答	解説
反らす	反らす：体を後方に曲げる。物をしならせる。 **音読** ハン・ホン㊶・タン㊥
欲しい	欲しい：自分の手に入れたい。
再び	再び：同じ動作・状態などを繰り返すこと。二度目。 **音読** サイ・サ
盛んな	盛んだ：活発なさま。何度も行われること。
帯びる	帯びる：引き受ける。身につける。含み持つ。
化かさ	化かす：だます。たぶらかす。人の心を迷わす。
後ろめたい	後ろめたい：自分にやましい点があって、良心がとがめる。 **音読** ゴ・コウ
減らす	減らす：数や量、程度を少なくする。 **音読** ゲン
構える	構える：自分の家などをもつ。組み立てて作る。何かをしようとして、ある姿勢や態度をとる。 **出例** 構う　**音読** コウ
謝っ	謝る：過失や罪を認めて許しを求める。わびる。

読み

同音・同訓異字

漢字識別

熟語の構成

部首

対義語・類義語

漢字と送りがな

四字熟語

誤字訂正

書き取り

文中の**四字熟語**の___線の**カタカナ**を**漢字一字**に直せ。

☐ **01** 前途有<u>ボウ</u>な若者を援助する。

☐ **02** 明<u>キョウ</u>止水の心境だ。

☐ **03** 楽しく健康的なので一<u>キョ</u>両得だ。

☐ **04** いやな気分が<u>ウン</u>散霧消した。

☐ **05** 互いに疑心暗<u>キ</u>におちいる。

☐ **06** 電光石<u>カ</u>の早業だ。

☐ **07** ほとんどの作品が同工<u>イ</u>曲だ。

☐ **08** エリートが博<u>ラン</u>強記とは限らない。

☐ **09** <u>ヒン</u>行方正で立派な若者だ。

☐ **10** 慣れない家事に悪戦<u>ク</u>闘する。

解 答	解 説
前途有望 ぜん と ゆう ぼう	将来にのぞみのあること。見込みがあること。 出例「前／途／有」も問われる 類義語 前途有為／前途洋洋
明鏡止水 めい きょう し すい	一点のくもりのないかがみや静かな水のように、心にやましい点がなく、澄みきっていること。出例「明／止」も問われる
一挙両得 いっ きょ りょう とく	一つの事をするだけで、二つの利益を得られること。出例「得」も問われる 類義語 一石二鳥
雲散霧消 うん さん む しょう	くもや霧が消えてなくなるように、跡形もなくなること。出例「散／霧／消」も問われる　豆「雲消霧散」ともいう
疑心暗鬼 ぎ しん あん き	うたがう心が強くなると、なんでもないことに恐怖や不安を感じるようになること。出例「疑／暗」も問われる　豆「疑心、暗鬼を生ず」の略
電光石火 でん こう せっ か	行動や振る舞いがきわめてすばやいこと。 出例「電／光／石」も問われる
同工異曲 どう こう い きょく	外見は違っているが、内容はほとんど同じであること。 類義語 大同小異　☒違
博覧強記 はく らん きょう き	広く書物を読み、さまざまな事をよく覚えていること。 出例「博」も問われる
品行方正 ひん こう ほう せい	行いや心が正しく、きちんとしていること。 出例「行／方」も問われる
悪戦苦闘 あく せん く とう	困難を乗り切るために、くるしみながら努力をすること。 出例「戦／闘」も問われる

読み

同音・同訓異字

漢字識別

熟語の構成

部首

対義語・類義語

漢字と送りがな

四字熟語

誤字訂正

書き取り

文中の**四字熟語**の＿＿線の**カタカナ**を**漢字一字**に直せ。

☑ **01** 山積みの仕事を前に**アオ**息吐息だ。

☑ **02** 不便になるばかりで**本末転トウ**だ。

☑ **03** 改革は**ユウ名無実**化している。

☑ **04** 対策案を**理ロ整然**と述べる。

☑ **05** 経営には**熟慮ダン行**が大切だ。

☑ **06** 転職して**心機一テン**やりなおす。

☑ **07** 友人は**八ポウ美人**で評判が悪い。

☑ **08** 無**ミ乾燥**のつまらない歌詞だ。

☑ **09** **問答無ヨウ**でその提案を却下した。

☑ **10** **モン外不出**の秘伝の料理法がある。

解答 / 解説

青息吐息 あおいきといき	困ったり苦しんだりしているときにつく、ため息。また、そのようなときの状態。 出例「吐」も問われる
本末転倒 ほんまつてんとう	物事の大事なことを取りちがえること。 出例「本／末／転」も問われる 類義語 主客転倒
有名無実 ゆうめいむじつ	名ばかりが立派で、それにともなう実質がないこと。 出例「実」も問われる
理路整然 りろせいぜん	話や考えなどの筋道がよく整っていること。 出例「理／整」も問われる
熟慮断行 じゅくりょだんこう	よくよく考えたうえで、思いきって事を行うこと。 出例「熟／慮」も問われる
心機一転 しんきいってん	何らかの出来事をきっかけにして、心持ちがすっかり変わること。 出例「機」も問われる
八方美人 はっぽうびじん	どこから見ても欠点のない美人の意から、だれに対しても如才なく振る舞うこと。また、そのような人。出例「美」も問われる
無味乾燥 むみかんそう	内容がなく、あじわいもおもしろみもないこと。 出例「無／乾／燥」も問われる
問答無用 もんどうむよう	あれこれ議論してもなんの役にも立たないこと。議論する必要のないこと。 出例「問」も問われる
門外不出 もんがいふしゅつ	貴重な書画などを秘蔵し、人に見せたり外に持ち出したりしないこと。

読み・同音同訓異字・漢字識別・熟語の構成・部首・対義語類義語・漢字と送りがな・四字熟語・誤字訂正・書き取り

文中の**四字熟語**の＿＿線の**カタカナ**を**漢字一字**に直せ。

☐ **01** **ウ**為転変は世の習いである。

☐ **02** 一日千**シュウ**の思いで待ち続ける。

☐ **03** 計画的で**用意シュウ到**な犯罪だ。

☐ **04** **注意サン漫**だと注意される。

☐ **05** 大失敗をして**意気ショウ沈**する。

☐ **06** **完全無ケツ**の人間などいない。

☐ **07** **キ機一髪**のところで助け出された。

☐ **08** **空前ゼツ後**のヒット商品となった。

☐ **09** まずは**現ジョウ維持**が目標だ。

☐ **10** **古コン東西**の珍品が集められた。

読み | 同音・同訓異字 | 漢字識別 | 熟語の構成 | 部首 | 対義語・類義語 | 漢字と送りがな | 四字熟語 | 誤字訂正 | 書き取り

解答　　　解説

有為転変
（う い てん ぺん）

この世に存在するものは絶えず変化しており、はかないものであること。**出例**「為／転／変」も問われる　**豆**「転変」は「てんべん」とも読む

一日千秋
（いち じつ せん しゅう）

一日が千年にも感じられるように、非常に待ち遠しいこと。**豆**「一日」は「いちにち」とも読む　**類義語** 一日三秋

用意周到
（よう い しゅう とう）

用意が十分に整い、手抜かりがないさま。**出例**「到」も問われる

注意散漫
（ちゅう い さん まん）

集中力に欠けること。**出例**「漫」も問われる

意気消沈
（い き しょう ちん）

意気込みがなくなり、元気を失うこと。**出例**「意／沈」も問われる

完全無欠
（かん ぜん む けつ）

どこから見ても足りない点や不足がなくて、完全なこと。

危機一髪
（き き いっ ぱつ）

頭の毛一本ほどのわずかな差で危険な状態におちいりそうな、危ない瀬戸際。**出例**「機／髪」も問われる ✖器 **類義語** 一触即発

空前絶後
（くう ぜん ぜつ ご）

これまでに例がなく、将来にもありえないようなこと。非常に珍しいこと。

現状維持
（げん じょう い じ）

現在のじょう態がそのままで、変化しないこと。**出例**「維」も問われる　**類義語** 現状保持

古今東西
（こ こん とう ざい）

昔からいままでと、東西四方のあらゆる場所。いつでもどこでも。**出例**「古」も問われる　**豆**「東西古今」ともいう

次の各文にまちがって使われている**同じ読みの漢字**が**一字**ある。**誤字**と**正しい漢字**を答えよ。

☑ **01** 兄が探してくれた中古の自動車を買ったが制備状態は良好だった。

☑ **02** 補修が済んだ道路に添って様々な樹木が植えられ、季節ごとに鮮やかな花を咲かせる。

☑ **03** 隣国との間で真刻な領土問題を抱えており一触即発の状態となっている。

☑ **04** 慎重に検当を重ねた結果経営の効率化を推進することになった。

☑ **05** 新築の家を買ったが、地震対策として保強する必要を感じた。

☑ **06** 大舞台で持てる力のすべてを発期するには心身を最高の状態に保つ必要がある。

☑ **07** 希望する会社に拡実に入社するために様々な努力を行った。

☑ **08** 月曜日と木曜日には燃えるごみの回集作業が行われる。

☑ **09** 採用が内定していた会社が倒産するとはまったく予即不可能だった。

☑ **10** 現在の組織は近代化を加速し、効律の良い業務の進め方が求められている。

解 答	解 説
制 ➡ 整	整備：役立つように、調子や状態をととのえること。
添 ➡ 沿	沿う：長く続くもののそばをついて行く。要求などに従う。
真 ➡ 深	深刻：物事が容易ならないところまできていること。容易ならない事態と受けとめ、深く思いわずらうこと。
当 ➡ 討	検討：物事を詳しく調べて、よく考えること。
保 ➡ 補	補強：足りない部分や弱い所をおぎなったり強くしたりすること。
期 ➡ 揮	発揮：持っている実力や特性などを十分に働かせること。
拡 ➡ 確	確実：間違いがない、たしかなこと。また、そのさま。
集 ➡ 収	回収：配ったものや散らばってしまったものなどを、また集めること。
即 ➡ 測	予測：将来の出来事や状態を、あらかじめ推しはかること。また、その内容。
律 ➡ 率	効率：使った力に対する、得られた結果の割合。仕事量と消費量との比率。

次の各文にまちがって使われている**同じ読みの漢字**が**一字**ある。**誤字**と**正しい漢字**を答えよ。

☐ 01 経財や政治、事件のニュースは新聞などで確認して今後の動向を注視している。

☐ 02 当初の計画は準調に推移し、間もなく完成の運びとなった。

☐ 03 高齢化社会に対応すべく新しい健康保険政度の導入が検討された。

☐ 04 自動車業界は自動運転操置の研究・開発が進み、各社新モデルの発表を行っている。

☐ 05 上京した際にもらった母からの頼りは心からうれしい気持ちになる。

☐ 06 自宅前の道路を左に進むと駅前商店街に通じる道と交査している。

☐ 07 科学に基づいた練習方法を働入したおかげで優勝することができた。

☐ 08 祖父が亡くなったあと偉産をめぐる骨肉の争いが起こってしまった。

☐ 09 大型量販店に行って価確を見たら近所の小売店と大きな差異はなかった。

☐ 10 列車に乗車したが、車内表字を見たら降車駅を通過してしまう列車だった。

解 答	解 説

財 ➡ 済
: <ruby>経済<rt>けいざい</rt></ruby>：生活に必要なサービスや金銭などを生産・消費する活動のこと。

準 ➡ 順
: <ruby>順調<rt>じゅんちょう</rt></ruby>：物事が滞りなく進んでいること。

政 ➡ 制
: <ruby>制度<rt>せいど</rt></ruby>：国家や団体を運営していくための法や規則。人間の行動や関係を規制するために確立されている決まりごと。

操 ➡ 装
: <ruby>装置<rt>そうち</rt></ruby>：ある目的を実現するために機械などを備え付けること。または、その設備。

頼 ➡ 便
: <ruby>便り<rt>たより</rt></ruby>：知らせてくること。何かについての情報。音信。手紙。

査 ➡ 差
: <ruby>交差<rt>こうさ</rt></ruby>：二本以上のものが、ある点で交わること。

働 ➡ 導
: <ruby>導入<rt>どうにゅう</rt></ruby>：外からみちびき入れること。取り入れて役に立てること。

偉 ➡ 遺
: <ruby>遺産<rt>いさん</rt></ruby>：死後に残した財産。前代の人が残した業績。

確 ➡ 格
: <ruby>価格<rt>かかく</rt></ruby>：物の価値を金額で表したもの。

字 ➡ 示
: <ruby>表示<rt>ひょうじ</rt></ruby>：表にしてしめすこと。外部にあらわししめすこと。

読み

同音・同訓異字

漢字識別

熟語の構成

部首

対義語・類義語

漢字と送りがな

四字熟語

誤字訂正

書き取り

書き取り①

次の___線の**カタカナ**を**漢字**に直せ。

☑ **01** 映画に出演し<u>キャッコウ</u>を浴びる。

☑ **02** 地方都市に物流の<u>キョテン</u>を築く。

☑ **03** 身近な人に<u>キンキョウ</u>を報告する。

☑ **04** この会場は<u>オンキョウ</u>設備が良い。

☑ **05** 難問解決の<u>チエ</u>をしぼる。

☑ **06** 人気女優が<u>コンヤク</u>を発表した。

☑ **07** 悲しくて<u>ナミダ</u>を流す。

☑ **08** 洗たく物をベランダに<u>ホ</u>す。

☑ **09** 晴天続きでダムの水量が<u>へ</u>る。

☑ **10** 旅行の<u>ミヤゲ</u>を友人に手渡す。

合格点
7/10

1回目
月　日　/10

2回目
月　日　/10

頻出度
B

解答 / 解説

脚光（きゃっこう）
脚光：舞台を照らす光線。（豆）「脚光を浴びる」は注目されるの意味
出例 脚色／脚本

拠点（きょてん）
拠点：活動の要所となる地点。
出例 根拠

近況（きんきょう）
近況：最近の身のまわりなどの様子。
出例 実況／盛況

音響（おんきょう）
音響：おと。おとのひびき。
出例 反響／響く

知恵（ちえ）
知恵：物事の道理をわきまえ、正しく処理できる能力。
出例 恩恵／恵む

婚約（こんやく）
婚約：お互いが夫婦となる約束をし、ちかい合うこと。
出例 結婚／未婚

涙（なみだ）
涙：目から分泌される液体。
出例 涙声／感涙

干す（ほす）
干す：水気を取るために、日光や風にあてる。
出例 梅干し／干潮

減る（へる）
減る：量などが少なくなる。
出例 目減り／加減

土産（みやげ）
土産：外出先で購入し、持ち帰る品。訪問先に持って行く品。

197

書き取り②

次の＿＿線の**カタカナ**を**漢字**に直せ。

☑ **01** 移転のため店が<u>ヘイサ</u>された。

☑ **02** 細胞^{ぼう}<u>ゾウショク</u>のしくみを学ぶ。

☑ **03** 私の住む町は半島の<u>センタン</u>にある。

☑ **04** こおりついた道路で<u>テントウ</u>した。

☑ **05** <u>トウメイ</u>な体をもつ魚を発見した。

☑ **06** <u>ビセイブツ</u>の研究は日々進歩している。

☑ **07** 海水浴客が<u>スナハマ</u>に寝転んでいる。

☑ **08** 聞くは一時の<u>ハジ</u>、聞かぬは一生のハジ。

☑ **09** 新作は巨万の富を<u>キズ</u>く物語だ。

☑ **10** 保護していた野鳥を森に<u>ハナ</u>つ。

合格点
7/10

1回目
月 日 /**10**

2回目
月 日 /**10**

頻出度
B

解 答	解 説

閉鎖 (へいさ)
閉鎖：出入り口をとざすこと。組織が活動や機能を停止すること。
出例 鎖国／連鎖／鎖

増殖 (ぞうしょく)
増殖：量が多くなること。細胞がふえること。
出例 養殖

先端 (せんたん)
先端：物のとがっている先の部分。時代や流行の先頭。
出例 極端／最先端／端

転倒 (てんとう)
転倒：たおれること。さかさまになること。
出例 圧倒／打倒／倒れる

透明 (とうめい)
透明：すきとおっていること。
出例 透視／透かす／透ける

微生物 (びせいぶつ)
微生物：肉眼では確認できないほど小さな生物。
出例 微熱／微妙

砂浜 (すなはま)
砂浜：砂が積み重なった海岸。
出例 浜辺／海浜

恥 (はじ)
恥：自らの欠点や過失などをはずかしく思うこと。
出例 恥じる／恥ずかしい

築く (きずく)
築く：地位・財産などをしっかりつくる。土台を作り上げる。
出例 建築

放つ (はなつ)
放つ：動物などを自由にする。その物が光や音、においなどを発する様子。
出例 放し／放す ✗ 離つ

読み

同音・同訓異字

漢字識別

熟語の構成

部首

対義語・類義語

漢字と送りがな

四字熟語

誤字訂正

書き取り

次の＿＿線の**カタカナ**を**漢字**に直せ。

☐ **01** この歌手は<u>ゼツミョウ</u>な歌唱力だ。

☐ **02** 他の国と<u>ドウメイ</u>を結ぶ。

☐ **03** 中国語の<u>ツウヤク</u>をしている。

☐ **04** 行動を非難されて<u>ロコツ</u>にいやな顔をした。

☐ **05** おみくじで<u>キョウ</u>を引いた。

☐ **06** 先頭から離されてもはや優勝<u>ケンガイ</u>だ。

☐ **07** 今度の映画は実話に<u>モト</u>づいて作られた。

☐ **08** 夜中に<u>ハゲ</u>しい歯の痛みに襲われた。

☐ **09** その方法に<u>マサ</u>るものはない。

☐ **10** 馬上から矢を<u>イ</u>る。

読み／同音・同訓異字／漢字識別／熟語の構成／部首／対義語・類義語／漢字と送りがな／四字熟語／誤字訂正／書き取り

解答	解説
ぜつみょう 絶妙	絶妙：この上なく巧みですぐれていること。 **出例** 妙
どうめい 同盟	同盟：国家や団体、個人などが、共通の目的のために同じ行動をとることを約束すること。その約束によって成立した関係。**出例** 連盟／加盟
つうやく 通訳	通訳：言葉がつうじない人々の間に立ち、互いの言葉を訳して相手方に伝えること。また、その役目をになう人。**出例** 訳／内訳
ろこつ 露骨	露骨：感情などをありのままに外に出すこと。 **出例** 露天／朝露／夜露
きょう 凶	凶：運が悪いこと。不吉。作物の出来が悪い。 **出例** 凶作
けんがい 圏外	圏外：ある条件でその範囲外。電波が届かない場所。**出例** 圏／圏内
もと 基づいて	基づく：あることをもとに起こる。
はげ 激しい	激しい：勢いが強い。程度が度を越している。 **出例** 過激
まさ 勝る	勝る：他とくらべてすぐれる。他よりも程度が上である。**豆**「勝」は8級配当漢字だが、「まさ（る）」は中学校で学習する読み
い 射る	射る：弓に矢をつがえて放つ。矢などを目的物に当てる。**出例** 注射

次の＿＿線の**カタカナ**を**漢字**に直せ。

☑ **01** 手の中に不快な**カンショク**が残った。

☑ **02** 後輩の**スガオ**を見たことがない。

☑ **03** 複数の業務を**タントウ**している。

☑ **04** 化学関係の**チョサク**が何冊かある。

☑ **05** ある人からの**バクダン**発言が波紋を呼ぶ。

☑ **06** 特徴のない**フツウ**の顔だ。

☑ **07** 日が**ク**れるのが早くなった。

☑ **08** ドレスの**ムナモト**に花を飾る。

☑ **09** 海辺で貝がらを**ヒロ**う。

☑ **10** 鼻に細い**クダ**を通される。

解答	解説
感触（かんしょく）	感触（かんしょく）：手ざわり。外界の物事にふれて感ずること。相手の言動などからそれとなく感じとれるもの。**出例** 触発（しょくはつ）／接触（せっしょく）／触（さわ）る／触（ふ）れる
素顔（すがお）	素顔（すがお）：化粧（しょう）をしていない、地のままの顔。ありのままの姿。**出例** 素材（そざい）／素質（そしつ）／素手（すで）
担当（たんとう）	担当（たんとう）：受け持つこと。引き受けること。**出例** 負担（ふたん）／担保（たんぽ）
著作（ちょさく）	著作（ちょさく）：書物を書きあらわすこと。また、その書物。**出例** 著者（ちょしゃ）
爆弾（ばくだん）	爆弾（ばくだん）：周囲を驚かせる言動。人を殺傷したり、施（し）設を破壊したりする兵器。**出例** 爆発（ばくはつ）
普通（ふつう）	普通（ふつう）：とくに変わったところがないこと。**出例** 普及（ふきゅう）
暮（く）れる	暮（く）れる：日が沈んで夜になる。季節などが終わりになる。**出例** 夕暮（ゆうぐ）れ
胸元（むなもと）	胸元（むなもと）：むねのあたり。**出例** 度胸（どきょう） 豆 「胸」は5級配当漢字だが、「むな」は中学校で学習する読み
拾（ひろ）う	拾（ひろ）う：落ちている物を手で取り上げる。他人の落とした物を自分の物にする。
管（くだ）	管（くだ）：中が空どうで細長いつつ状のもの。

次の___線の**カタカナ**を**漢字**に直せ。

☑ **01** カクトウ技を見るのが好きだ。

☑ **02** 暗いので手を引いてセンドウした。

☑ **03** ノウゼイの義務を果たす。

☑ **04** 名前のユライを教えてください。

☑ **05** 部屋に洋服がサンランしている。

☑ **06** ツウショウ「コケ寺」の庭園を拝観した。

☑ **07** できるだけ手間をハブく。

☑ **08** クッション用の布にワタを詰める。

☑ **09** あまり喜びイサむと失敗する。

☑ **10** 熱いお茶をサましてから飲む。

解 答	解 説

格闘 かくとう	格闘：組み合ってたたかうこと。必死に取り組むこと。 **出例** 戦闘／闘志
先導 せんどう	先導：先に立ってみちびくこと。 **出例** 指導／導入／導く
納税 のうぜい	納税：税金をおさめること。 **出例** 納期／納める
由来 ゆらい	由来：物事がいつ、どのようにして起こり、現在まで伝えられてきたかということ。
散乱 さんらん	散乱：あたりにちらばること。ばらばらにちること。 **出例** 混乱／乱暴／乱れる
通称 つうしょう	通称：正式な呼び名ではなく、一般に通用している呼び名。 **出例** 愛称／自称
省く はぶく	省く：不要な物を一部取り除く。
綿 わた	綿：もめん。もめんわた。 **出例** 綿雪
勇む いさむ	勇む：気力がわき起こる。心が奮い立つ。 **出例** 勇ましい
冷まして さ	冷ます：熱い物の温度を下げる。興味を失わせる。 **出例** 冷える

読み

同音同訓異字

漢字識別

熟語の構成

部首

対義語・類義語

漢字と送りがな

四字熟語

誤字訂正

書き取り

次の＿＿線の**カタカナ**を**漢字**に直せ。

☑ **01** 各社の保険を比較<u>ケントウ</u>する。

☑ **02** 知ったかぶりをして<u>ボケツ</u>を掘る。

☑ **03** 寺の<u>ケイダイ</u>の掃除^{そうじ}をする。

☑ **04** テレビで新商品の<u>センデン</u>をする。

☑ **05** <u>キチョウ</u>な体験をした。

☑ **06** 新聞の<u>ケイザイ</u>欄を読む。

☑ **07** ひな鳥が成長して<u>スダ</u>つ。

☑ **08** 旅先で<u>テアツ</u>いもてなしを受けた。

☑ **09** <u>カイコ</u>のまゆから絹糸をとる。

☑ **10** <u>オビ</u>に短したすきに長し。

解 答　　　解 説

読み
同音・同訓異字
漢字識別
熟語の構成
部首
対義語・類義語
漢字と送りがな
四字熟語
誤字訂正
書き取り

検討 けんとう
検討：物事を詳しく調べて、よく考えること。
出例 討議

墓穴 ぼけつ
墓穴：遺体や遺骨をほうむるあな。はかあな。
出例 風穴／穴 豆「墓穴を掘る」は、身を滅ぼす原因を自分で作ることのたとえ

境内 けいだい
境内：神社や寺院の敷地の中。
豆「ケイ」「ダイ」ともに常用漢字の特別な読み

宣伝 せんでん
宣伝：商品の効能や主義主張などを人々に説明し、広めたり理解を求めたりすること。
出例 宣告

貴重 きちょう
貴重：非常に価値のあること。きわめて大切なこと。
出例 貴族

経済 けいざい
経済：生活に必要な物資の、生産、流通、交換、分配とその消費などの諸活動。また、それらの社会的関係。出例 救済／返済／済ます／済む

巣立つ すだつ
巣立つ：ひな鳥が成長してすから飛び立つ。子どもが親元を離れる。
出例 古巣／巣

手厚い てあつい
手厚い：心配りが行き届き、扱い方が丁寧である。
出例 厚手／厚い

蚕 かいこ
蚕：カイコガの幼虫。絹糸を吐き出してまゆを作る。

帯 おび
帯：和服で、腰に巻いて結ぶ細長い布。
出例 黒帯 豆「帯に短したすきに長し」は、中途半端で役に立たないこと

次の＿＿線の**カタカナ**を**漢字**に直せ。

☑ **01** わき目もふらず学業に<u>センネン</u>する。

☑ **02** 試合の結果は<u>ヨソク</u>が不可能だ。

☑ **03** 大学の非常勤<u>コウシ</u>をしている。

☑ **04** <u>ジュクレン</u>した腕前の職人だ。

☑ **05** 合格するのは<u>ヨウイ</u>ではない。

☑ **06** 自分の出番まで<u>タイキ</u>する。

☑ **07** 雨が降ってきて<u>アマヤドリ</u>をした。

☑ **08** 日本の<u>イナサク</u>の歴史を学ぶ。

☑ **09** おいしい焼き<u>イモ</u>の作り方を教えてもらう。

☑ **10** <u>カゲグチ</u>を言うのはよくないことだ。

解　答	解　説
せんねん 専念	専念：あることに心を集中すること。 出例 専属
よそく 予測	予測：将来の出来事や状態を、あらかじめ推しはかること。また、その内容。 出例 測定
こうし 講師	講師：大学などで、教授や准教授に準じる職務に従事する者の役職名。 出例 講じる
じゅくれん 熟練	熟練：物事によく慣れて、上手にできること。また、そのさま。 出例 円熟
ようい 容易	容易：たやすいこと。やさしいこと。また、そのさま。
たいき 待機	待機：準備を整えて、機会の来るのを待つこと。 出例 動機
あまやど 雨宿り	雨宿り：あめがやむまで、軒下などでしばらく待つこと。
いなさく 稲作	稲作：いねを育てること。 出例 稲刈り／稲妻
いも 芋	芋：植物の地下茎や根が、でんぷんなどの養分を蓄えて肥大したもの。 出例 芋掘り／里芋
かげぐち 陰口	陰口：本人がいないところでの悪口。 出例 日陰／物陰／陰気

読み　同音同訓異字　漢字識別　熟語の構成　部首　対義語・類義語　漢字と送りがな　四字熟語　誤字訂正　書き取り

209

次の＿＿線の**カタカナ**を**漢字**に直せ。

☐ **01** イチゴに<u>サトウ</u>をまぶして食べる。

☐ **02** 町中に<u>ボウハン</u>カメラが設置された。

☐ **03** 本番で実力を<u>ハッキ</u>する。

☐ **04** 病室を<u>セイケツ</u>に保つ。

☐ **05** 細かい話は<u>ショウリャク</u>する。

☐ **06** 大きな<u>ケンゲン</u>が与えられる。

☐ **07** <u>カガヤ</u>かしい業績を上げる。

☐ **08** 周りの人の<u>コノ</u>みに合わせる。

☐ **09** 心ない者が自然を<u>ア</u>らす。

☐ **10** 重い物を持って<u>コシ</u>を痛めた。

解　答	解　説
砂糖（さとう）	砂糖（さとう）：サトウキビなどを原料とする甘味調味料。
防犯（ぼうはん）	防犯（ぼうはん）：法律に反する行為などをふせぐこと。 **出例** 防水／防止
発揮（はっき）	発揮（はっき）：持っている実力や特性などを十分に働かせること。
清潔（せいけつ）	清潔（せいけつ）：汚れがなく衛生的なこと。また、そのさま。人格や品行が正しくきれいなこと。 **出例** 潔白
省略（しょうりゃく）	省略（しょうりゃく）：簡単にするために、一部分をはぶくこと。❌少略
権限（けんげん）	権限（けんげん）：ある範囲のことを正当に行えるとして与えられている力。また、その力が及ぶ範囲。
輝（かがや）かしい	輝（かがや）かしい：きらきらと光る。きらめく。
好（この）み	好（この）む：すきなものの傾向。興味をひかれる。嗜好。 **出例** 好感
荒（あ）らす	荒（あ）らす：整っていたものを乱雑な状態にする。いためつけたり傷つけたりする。 **出例** 荒れる／荒立てる
腰（こし）	腰（こし）：人体の部位で骨盤の部分。 **出例** 物腰／本腰

読み

同音・同訓異字

漢字識別

熟語の構成

部首

対義語・類義語

漢字と送りがな

四字熟語

誤字訂正

書き取り

次の＿＿線の**カタカナ**を**漢字**に直せ。

☑ **01** 政治家の意識<u>カイカク</u>が必要だ。

☑ **02** <u>コウテツ</u>製の船を建造する。

☑ **03** 家の近くに大きな<u>エントツ</u>がある。

☑ **04** 地球の<u>カンキョウ</u>を守る。

☑ **05** 何事も<u>ケイゾク</u>することが大切だ。

☑ **06** <u>シンケン</u>に練習して結果が出た。

☑ **07** 友人の一言で<u>イカ</u>りをおぼえた。

☑ **08** お土産に果物の<u>モモ</u>を買ってきた。

☑ **09** 歯医者で虫歯を<u>ヌ</u>く。

☑ **10** 姉には三人の<u>ムスメ</u>がいる。

解 答	解 説
改革 かいかく	改革：よりよくなるよう、あらため変えること。 **出例** 皮革／革
鋼鉄 こうてつ	鋼鉄：焼いてきたえられたてつ。はがね。 **出例** 鉄鋼
煙突 えんとつ	煙突：燃料を燃やす際に発生する煙を空中に排出するためのつつ状の設備。通風の役割がある。**出例** 禁煙／煙／煙い
環境 かんきょう	環境：人間または生物を取り巻き、それらと相互に関係して何らかの影響を与え合う世界。
継続 けいぞく	継続：以前からの状態や、していたことがそのまま続くこと。また、続けること。 **出例** 後継／中継／継ぐ
真剣 しんけん	真剣：物事に本気で取り組むこと。また、本物の刃けん。 **出例** 剣道／剣
怒り いか	怒り：おこること。立腹。 **出例** 激怒
桃 もも	桃：バラ科の落葉小高木。春に淡紅や白などの五弁花を開き、夏に大きな球形の実をつける。**出例** 桃色
抜く ぬ	抜く：中に入っているものやささっているものを引っぱって取り出す。いくつかの中から選び取る。追いこす。**出例** 抜ける／選抜／抜群
娘 むすめ	娘：親から見て、自分の子である女性。若い未婚の女性。

読み

同音・同訓異字

漢字識別

熟語の構成

部首

対義語・類義語

漢字と送りがな

四字熟語

誤字訂正

書き取り

書き取り⑩

次の＿＿線の**カタカナ**を**漢字**に直せ。

☑ **01** 治療の**コウカ**が現れてきた。

☑ **02** 新しい**レンサイ**小説が楽しみだ。

☑ **03** 規則に従って業務を**シッコウ**する。

☑ **04** 定規を使ってノートに**シャセン**を引く。

☑ **05** 子供は**ジョウブ**に育ってほしい。

☑ **06** 父の**ヒッセキ**に似せて書く。

☑ **07** 明日の試合に備えて作戦を**ネ**る。

☑ **08** この店は客の**アツカ**いが悪い。

☑ **09** 川に落ちた子どもを**スク**う。

☑ **10** この計画は成功する**ミコ**みがある。

解答 / 解説

効果 こうか
効果：ある行為を行ったときに現れる、期待どおりのよい結果。

連載 れんさい
連載：雑誌や新聞などに続きものとして掲さいすること。
出例 記載

執行 しっこう
執行：実際にとりおこなうこと。
出例 執念／執筆

斜線 しゃせん
斜線：ななめの線。
出例 斜面／斜め

丈夫 じょうぶ
丈夫：健康であること。元気なさま。物が壊れにくいこと。
出例 丈／背丈

筆跡 ひっせき
筆跡：書かれている文字。
出例 追跡／足跡

練る ねる
練る：よりよいものにするために何度も考える。材料をこね固める。また、こねまぜてねばらせる。学問や技芸などをみがく。

扱い あつかい
扱い：待遇。物の処理法や操作法。
出例 扱う

救う すくう
救う：救助する。危機的な状況にある人に力を貸して助ける。
出例 救護／救命

見込み みこみ
見込み：将来についての予想。将来性。
出例 込む

次の＿＿線の**カタカナ**を**漢字**に直せ。

☑ **01** 一人で座席を**ドクセン**する。

☑ **02** 布でみがいて**コウタク**を出す。

☑ **03** お互いの意見が**イッチ**した。

☑ **04** **バツ**を与えるのは慎重にすべきだ。

☑ **05** その考えは世間**イッパン**に知られている。

☑ **06** 新製品を店頭で**ハンバイ**した。

☑ **07** 先生に**シタガ**って行動する。

☑ **08** バラの**ハナタバ**を贈る。

☑ **09** 姉は情の**ウス**い人だ。

☑ **10** 力自慢の力士が**タワラ**をかつぐ。

解 答	解 説

独占（どくせん）
独占：自分一人の物にすること。
出例 占う／占める

光沢（こうたく）
光沢：光が反射したときの物の表面のつや、輝き。
出例 沢

一致（いっち）
一致：二つの物に違いがなく、ぴったり合うこと。
出例 合致／致命的

罰（ばつ）
罰：違反行為などに対するこらしめ。
出例 罰金／罰則

一般（いっぱん）
一般：広く認められ行き渡っていること。全般。あたりまえ。

販売（はんばい）
販売：商品を売ること。
出例 市販

従って（したが）
従う：あとに続く。ついて行く。
出例 従業

花束（はなたば）
花束：はなを何本かたばねたもの。

薄い（うす）
薄い：程度が弱い。物の厚みが少ない。濃度や密度などが少ない。色や味が濃くない。
出例 薄らぐ／薄着／薄情

俵（たわら）
俵：米などを入れるわらを編んで作った袋。
出例 米俵／土俵

読み / 同音・同訓異字 / 漢字識別 / 熟語の構成 / 部首 / 対義語・類義語 / 漢字と送りがな / 四字熟語 / 誤字訂正 / 書き取り

次の＿＿線の**カタカナ**を**漢字**に直せ。

☑ **01** 試験の出題ハンイを確認する。

☑ **02** 役者がブタイに立つ。

☑ **03** 火山が百年ぶりにフンカした。

☑ **04** 図書館で本をモクドクする。

☑ **05** 有名な芸能人夫婦がリコンした。

☑ **06** 相手の申し出をエンリョがちに断った。

☑ **07** 雑草を取りノゾく作業をする。

☑ **08** 大きなカベにぶつかる。

☑ **09** 最後まで同じスピードをタモつ。

☑ **10** マイゴにならないよう手をつなぐ。

解　答	解　説
範囲 はん　い	範囲：決められた区域。一定の限られた広がり。 **出例** 模範
舞台 ぶ　たい	舞台：演劇などを行うために設けられた場所。 **出例** 見舞う／舞
噴火 ふん　か	噴火：火口から溶岩や火山灰などがふん出すること。 **出例** 噴水
黙読 もくどく	黙読：声を出さずに本などを読むこと。 **出例** 暗黙／黙る
離婚 り　こん	離婚：夫婦がこん姻関係を解消すること。 **出例** 分離
遠慮 えんりょ	遠慮：言葉や行動を控えめにすること。辞退すること。 **出例** 思慮／配慮
除く の　ぞ	除く：取ってなくする。範囲からはずす。 **出例** 除去／除幕
壁 かべ	壁：家や建物の外部を囲む部分。また、部屋など内部を仕切るもの。 **出例** 壁紙／鉄壁
保つ たも	保つ：ある状態を変えずに続ける。持ちこたえる。 **出例** 保留
迷子 まい　ご	迷子：子どもが道にまようこと。そうなった子ども。

読み 同音・同訓異字 漢字識別 熟語の構成 部首 対義語・類義語 漢字と送りがな 四字熟語 誤字訂正 書き取り

書き取り⑬

次の___線の**カタカナ**を**漢字**に直せ。

☑ **01** <u>ケイシャ</u>のきつい坂を自転車で駆け上がる。

☑ **02** 相手を<u>イチゲキ</u>で倒した。

☑ **03** 日本は天然の<u>シゲン</u>がとぼしい。

☑ **04** 肉を選ぶときは<u>シボウ</u>の量を重視する。

☑ **05** 腰を曲げた<u>シュンカン</u>に痛みが走った。

☑ **06** 朝六時に<u>キショウ</u>する。

☑ **07** 畑の土を<u>タガヤ</u>す。

☑ **08** <u>キクバ</u>りができる人がうらやましい。

☑ **09** 警察官が<u>アバ</u>れている人を取り押さえる。

☑ **10** 経験を積んで作業にも<u>ナ</u>れてきた。

解　答	解　説
けいしゃ **傾斜**	傾斜：かたむいて、ななめになること。また、その度合い。 出例 傾向／傾く
いちげき **一撃**	一撃：一回の攻げき、または攻げきを加えること。 出例 反撃／目撃
し げん **資源**	資源：自然から得られる原材料で、生産に役立つ物し。 出例 源
し ぼう **脂肪**	脂肪：油しのうち、常温で固体の物。 出例 油脂
しゅんかん **瞬間**	瞬間：ごく短い時かん。またたくま。 出例 一瞬
き しょう **起床**	起床：ふとんなどから起き出すこと。 出例 床
たがや **耕す**	耕す：作物を作る準備のために、田畑の土を掘り返す。
き くば **気配り**	気配り：周囲にきをつかうこと。 出例 配る／気配
あば **暴れて**	暴れる：乱暴なふるまいをする。
な **慣れて**	慣れる：長くその状態に置かれたり、たびたび経験したりして、通常のことになる。 出例 習慣／慣習

読み　同音同訓異字　漢字識別　熟語の構成　部首　対義語・類義語　漢字と送りがな　四字熟語　誤字訂正　書き取り

221

次の＿＿線の**漢字の読み**を**ひらがな**で答えよ。

☐ **01** あまりの恐怖に立ちすくむ。

☐ **02** 母の愛情を独占する。

☐ **03** 注意力が散漫だと言われた。

☐ **04** お彼岸に墓参りをする。

☐ **05** エースの働きは五人分に匹敵する。

☐ **06** 天井裏に荷物をしまった。

☐ **07** 煙突のある大きな家が見える。

☐ **08** 海を泳ぐクジラが塩水を噴く。

☐ **09** 試合では全力を尽くしたい。

☐ **10** そんなこととは露ほども思わなかった。

解答	解説
きょうふ	恐怖：おそろしく感じること。また、その気持ち。 出例 恐縮／恐れる
どくせん	独占：自分一人のものにすること。 出例 占拠／占める
さんまん	散漫：集中力がないさま。ちらばり広がること。とりとめないさま。 出例 漫然
ひがん	彼岸：春分の日、秋分の日をそれぞれ中日とした前後7日間。春と秋の彼岸。生死を超えた理想の悟りの世界。出例 彼
ひってき	匹敵：能力や価値などが、ちょうど同じくらいであること。
てんじょう	天井：室内の上部の面。物の内部のいちばん高いところ。相場の最高値。 ✕てんい
えんとつ	煙突：燃料の燃焼を助けるための通風の役をし、すすや煙を外に出す装置。 出例 煙害／禁煙／煙い／煙
ふく	噴く：気体や液体などが内部から勢いよく出る。 出例 噴出
つくし	尽くす：そのことのために、ある限りを出しきる。他者のために、精一杯努力する。 出例 無尽蔵／尽力
つゆ	露：はかなく消えやすいことのたとえ。大気中の水蒸気が凝結（気体が液体になること）してできた水滴。出例 夜露／露天／露店

読み
同音・同訓異字
漢字識別
熟語の構成
部首
対義語・類義語
漢字と送りがな
四字熟語
誤字訂正
書き取り

次の＿＿線の**漢字の読み**を**ひらがな**で答えよ。

☐ **01** 地道な活動が全国に<u>波及</u>する。

☐ **02** <u>脂肪</u>の少ない肉を選ぶ。

☐ **03** 判子を押すので<u>朱肉</u>を借りた。

☐ **04** <u>民俗</u>芸能を子どもたちに伝える。

☐ **05** 目的地まで<u>交替</u>で運転する。

☐ **06** 橋の<u>欄干</u>を乗り越えるのは危険だ。

☐ **07** シャチの能力は<u>驚嘆</u>に値する。

☐ **08** そろそろ<u>稲刈</u>りの時期だ。

☐ **09** <u>雌</u>の子ネコを<ruby>譲<rt>ゆず</rt></ruby>り受けた。

☐ **10** はしごを<u>斜</u>めに立てかける。

解　答	解　説

読み

同音同訓異字

漢字識別

熟語の構成

部首

対義語・類義語

漢字と送りがな

四字熟語

誤字訂正

書き取り

はきゅう	波及：影響が次第に広がっていくこと。 **出例** 言及／追及／及ぶ
しぼう	脂肪：油脂のうち、常温で固体の物。 **出例** 樹脂／脂汗／脂
しゅにく	朱肉：朱色の印肉。 **出例** 朱
みんぞく	民俗：人々の伝統的な生活文化。民族の伝承文化。**豆**「民族」は、文化や出自、言語などを共有する人々の集団のこと
こうたい	交替：物の位置や役割などを入れかえること。また入れかわること。**出例** 替える／日替わり **豆**「交代」も、ほぼ同じ意味
らんかん	欄干：人が落ちないように、橋や階段などに作り付けられた手すり。 **出例** 欄／空欄
きょうたん	驚嘆：すばらしいことなどに対しておどろき、感心すること。 **出例** 驚異
いねかり	稲刈り：稲を刈り取り収穫すること。 **出例** 稲作／水稲
めす	雌：動植物のメス。 **出例** 雌雄
ななめ	斜め：傾いていること。ずれていること。 **出例** 斜面／斜線

次の＿＿線の**漢字の読み**を**ひらがな**で答えよ。

☑ **01** やっと合格圏内に入った。

☑ **02** 沈黙は金なり。

☑ **03** それは法に抵触する行いだ。

☑ **04** 会社の浮沈にかかわる一大事だ。

☑ **05** 常に監視カメラが作動している。

☑ **06** 母は信仰心のあつい人だ。

☑ **07** 病床の祖母を見舞った。

☑ **08** 畑の芋を掘る。

☑ **09** 自分の希望する役職に就く。

☑ **10** 先生に盾を突いてばかりいる。

解答 ・ 解説

けんない

圏内：ある範囲の中。範囲内。
出例 大気圏／安全圏

ちんもく

沈黙：だまりこむこと。音を出さないこと。
活動をやめてじっとしていること。
出例 沈下／沈殿／沈む／沈める

ていしょく

抵触：さしさわること。ふれること。
出例 抵抗／抵当

ふちん

浮沈：栄えることと、おとろえること。う
くことと、しずむこと。
出例 浮上

かんし

監視：悪事や不都合なことが起こらないよ
う見張ること。
出例 監修

しんこう

信仰：神仏などを信じあがめること。特定
のものを絶対と信じて疑わないこと。
出例 仰天／仰視／仰ぐ

びょうしょう

病床：病人の寝る床。入院者用のベッド。
出例 起床／床

ほる

掘る：地面から物を取り出す。地面に穴を
あける。
出例 採掘／発掘

つく

就く：ある位置・地位・役職に身を置く。
みずからある動作を始める。選んで、それ
に従う。

たて

盾：やりや矢など、敵の攻撃から体を隠し、
防御するための武器。
豆 「盾を突く」は、反抗すること

次の＿＿線の**漢字の読み**を**ひらがな**で答えよ。

□ **01** 高校の吹奏楽部に所属している。

□ **02** この絵は作者の心情が描写されている。

□ **03** 犯人は多くの人に目撃された。

□ **04** 間一髪のところで危機を回避する。

□ **05** 巨大なワニが捕獲された。

□ **06** 自分の声が反響する。

□ **07** 産業の振興のために力を尽くす。

□ **08** ようやく肩の荷が下りた。

□ **09** 助けを求めるため大声で叫ぶ。

□ **10** 念願の子供を授かる。

合格点
7/10
1回目
月　日　/10
2回目
月　日　/10

解　答	解　説
すいそう	吹奏：笛などの管楽器を吹いて、曲を演奏すること。 出例 吹奏楽／吹く／紙吹雪
びょうしゃ	描写：物事の様子や心に感じたことなどを、いろいろな手段で写しあらわすこと。 出例 描く
もくげき	目撃：実際に自分の目で見ること。 出例 撃退／打撃
かいひ	回避：ぶつからないようにさけること。 出例 避難／避ける
ほかく	捕獲：動物などをいけどりにすること。とりおさえること。 出例 捕まえる
はんきょう	反響：音波が障壁にあたって反射し、再び聞こえること。またそのはね返った音。こだま。出例 音響／響く
しんこう	振興：産業や学術などをさかんにすること。また、さかんになること。 出例 不振／振幅／羽振り／振るう
かた	肩：人や動物の胴体と腕・前肢・翼が接する部分の上部。出例 肩幅／肩車　豆 「肩の荷が下りる」で、責任や負担から解放されて、気分が楽になること
さけぶ	叫ぶ：大声を発する。強く訴える。 出例 絶叫
さずかる	授かる：神仏や目上の人から大切なものを与えられる。 出例 授ける

読み

同音・同訓異字

漢字識別

熟語の構成

部首

対義語・類義語

漢字と送りがな

四字熟語

誤字訂正

書き取り

次の＿＿線の**漢字の読み**を**ひらがな**で答えよ。

☑ **01** シェイクスピアの<u>戯曲</u>を読む。

☑ **02** 二人の実力は<u>互角</u>だ。

☑ **03** このアロマオイルは天然の<u>香料</u>を使っている。

☑ **04** この<u>薬剤</u>は害虫の駆除に使用する。

☑ **05** 友人たちと行く旅行の<u>支度</u>をする。

☑ **06** <u>柔和</u>な笑顔に心がいやされる。

☑ **07** <u>瞬時</u>にして火が消えた。

☑ **08** 夏物の服をタンスの<u>奥</u>にしまった。

☑ **09** <u>峠</u>の茶屋に立ち寄る。

☑ **10** <u>鬼</u>の目にも涙。

解答	解説
ぎきょく	戯曲：劇の上演のために書かれた演劇の脚本。また、そのような形式で書かれた文学作品。
ごかく	互角：両者の力量が同等で差がないこと。 出例 相互／互い
こうりょう	香料：香りをつける材料とするもの。 出例 香典／香／線香
やくざい	薬剤：治療などの目的で薬品を調合した物。 出例 薬剤師
したく	支度：準備、用意のこと。外出などのために服装を整えること。 出例 身支度／支える
にゅうわ	柔和：性質や態度がやさしく、やわらかいこと。❌じゅうわ
しゅんじ	瞬時：またたく間ほどの、ほんのわずかな時間。 出例 瞬間／一瞬
おく	奥：入り口や表から中へ深く入った所。内部。 出例 奥歯
とうげ	峠：山道を登りつめ、下りにさしかかる境目。物事の勢いが最もさかんな時期。 豆 「峠」は国字（日本で作られた文字）
おに	鬼：人間と同じ形で、角ときばを持つ、想像上の怪物。 出例 鬼才 豆 「鬼の目にも涙」は、無慈悲な人でも、ときには慈悲の心を起こすことのたとえ

読み / 同音・同訓異字 / 漢字識別 / 熟語の構成 / 部首 / 対義語・類義語 / 漢字と送りがな / 四字熟語 / 誤字訂正 / 書き取り

231

次の＿＿＿線の**漢字の読み**を**ひらがな**で答えよ。

☑ **01** 六月の<u>中旬</u>ごろに梅雨が始まった。

☑ **02** <u>丈夫</u>な子に育ってほしい。

☑ **03** 動物園で<u>珍獣</u>と呼ばれる生き物を見た。

☑ **04** <u>砲丸</u>投げの選手に選ばれた。

☑ **05** よい成績を<u>維持</u>するのは難しい。

☑ **06** <u>羽毛</u>のクッションはやわらかい。

☑ **07** 地下鉄の車内で<u>盗難</u>にあう。

☑ **08** <u>荒波</u>を乗り越えて成長する。

☑ **09** 真冬になって寒風に<u>震</u>える。

☑ **10** この町は自動車産業が<u>盛</u>んだ。

解 答	解 説

ちゅうじゅん
中旬：月の11日〜20日までの10日間。
出例 旬刊

じょうぶ
丈夫：健康であること。元気なさま。物が壊れにくいこと。
出例 気丈／丈／背丈

ちんじゅう
珍獣：姿などがめずらしいけもの。
出例 珍妙／珍味／珍しい

ほうがん
砲丸：陸上競技の砲丸投げで用いる金属の球。大砲のたま。
出例 砲撃

いじ
維持：物事を同じ状態のまま保つこと。

うもう
羽毛：鳥類の体表に生える毛の一種。はね。
豆「羽」は9級配当漢字だが、「ウ」は中学校で学習する読み

とうなん
盗難：金品をぬすまれること。
出例 盗掘／盗む

あらなみ
荒波：あらい波。世の中の厳しさ。
出例 荒い／荒天

ふるえる
震える：寒さで体が小刻みに動く。細かく揺れる。
出例 余震／震災

さかん
盛ん：勢いがよいさま。最も元気な時期にあること。何度も行われること。
出例 全盛

次の＿＿線の**漢字の読み**を**ひらがな**で答えよ。

☑ **01** 農産物の販路を拡大する。

☑ **02** スマートフォンの普及が著しい。

☑ **03** 姉はよく唐突な発言をする。

☑ **04** 悲恋の物語に涙する。

☑ **05** 友への不信が増幅した。

☑ **06** マンションの隣人は朝早く出かける。

☑ **07** タンカーは巨大な船だ。

☑ **08** 度重なる不幸におそわれた。

☑ **09** 夜通しの仕事は疲れる。

☑ **10** 家族総出で稲を刈る。

合格点
7/10

1回目
月 日 /10

2回目
月 日 /10

解 答	解 説
はんろ	販路：商品を売りさばく方面。商品のルート。 **出例** 市販
ふきゅう	普及：広く行き渡ること。また、行き渡らせること。 **出例** 普及率
とうとつ	唐突：だしぬけ。突然。
ひれん	悲恋：実らずに悲劇に終わる恋。かなしい恋。 **出例** 恋愛／恋しい／恋心
ぞうふく	増幅：物事の程度を大きくすること。 **出例** 全幅／幅広い／歩幅
りんじん	隣人：となりまたは近所に住む人。 **出例** 隣接／隣家／隣
きょだい	巨大：とても大きいこと。また、そのさま。 **出例** 巨額／巨漢
たびかさなる	度重なる：同じことが繰り返し何度も起こること。 **出例** 度／度々
つかれる	疲れる：体力や気力が衰え、くたびれること。長く使ったために物の能力が低下すること。
かる	刈る：草や頭髪など、伸びて茂っている物を、根本を残して切り取る。

読み

同音・同訓異字

漢字識別

熟語の構成

部首

対義語・類義語

漢字と送りがな

四字熟語

誤字訂正

書き取り

次の＿＿線の**漢字の読み**を**ひらがな**で答えよ。

☑ **01** <u>剣豪</u>として名高い人物だ。

☑ **02** <u>雑踏</u>にまぎれて姿をくらませる。

☑ **03** ハイキング中に遠くの<u>連峰</u>をながめる。

☑ **04** 今年の<u>抱負</u>を発表する。

☑ **05** 国会で議員の<u>怒号</u>が飛び交う。

☑ **06** 唐<ruby>辛<rt>がら</rt></ruby>子の辛みは<u>発汗</u>を<ruby>唐<rt>から</rt></ruby>うながす。

☑ **07** 大学で英文学を<u>専攻</u>する。

☑ **08** 大雨で田畑が水を<u>被</u>る。

☑ **09** 手をついて<u>謝</u>る。

☑ **10** カモメが<u>翼</u>を広げて飛び立った。

解 答	解 説
けんごう	剣豪：剣術の達人。 **出例** 真剣
ざっとう	雑踏：多くの人が集まって込み合うこと。 **出例** 踏襲／踏査／踏む
れんぽう	連峰：つらなっている山々。 **出例** 名峰／峰
ほうふ	抱負：心の中で思っている決意や志望のこと。 **出例** 抱える
どごう	怒号：どなる声。大声でどなること。 **出例** 激怒／怒る
はっかん	発汗：あせをかくこと。あせを出すこと。
せんこう	専攻：ある特定の学問の分野を専門的に研究すること。 **出例** 攻防／攻める
かぶる	被る：頭の上から液体などを浴びる。頭の上にのせる。 **出例** 被害／被災
あやまる	謝る：過失や罪を認めて許しを求める。わびる。**豆**「謝」は6級配当漢字だが、「あやま（る）」は中学校で学習する読み
つばさ	翼：鳥類が空を飛ぶための器官。 **出例** 主翼

次の＿＿線の**漢字の読み**を**ひらがな**で答えよ。

☑ **01** 近くの神社には<u>樹齢</u>百年の木がある。

☑ **02** 人権を<u>侵害</u>する行為に抗議する。

☑ **03** 父は子供に昔の自分を<u>投影</u>する。

☑ **04** 客人に<u>滋味</u>に富んだ料理を振る舞う。

☑ **05** <u>突堤</u>から海の遠くをながめる。

☑ **06** <u>風刺</u>のきいた四コマ漫画が<u>掲</u>載される。

☑ **07** プロ野球のスター選手が<u>殿堂</u>入りした。

☑ **08** これは<u>公</u>では言えない話だ。

☑ **09** <u>沼</u>に渡り鳥が集まる。

☑ **10** 弟は読解力に<u>優</u>れている。

解 答	解 説
じゅれい	樹齢：木が芽生えてからの年数。木の年齢。 出例 高齢
しんがい	侵害：他者の権利などを侵して損なうこと。 出例 侵す
とうえい	投影：何らかの存在や影響が他の物に現れること。物かげを平面に映し出すこと。 出例 影響／影絵
じみ	滋味：深くてうまい味。また、物事から受ける深い味わい。 出例 滋養
とってい	突堤：海や川に長くつき出た堤防状のもの。 出例 突拍子／突風／突く
ふうし	風刺：社会や人物の欠点や問題点を、嘲笑的に表現して遠回しに批判すること。 出例 名刺／刺激／刺す
でんどう	殿堂：各分野で業績のあった人々をほめたたえ、世間に知らせる機関。立派な建物。
おおやけ	公：政府や官庁、国家。公共・世間。朝廷・天皇。表ざた。
ぬま	沼：湖より浅く小さい水域。
すぐれて	優れる：他のものより内容や程度などが上である。まさっている。

読み

同音・同訓異字

漢字識別

熟語の構成

部首

対義語・類義語

漢字と送りがな

四字熟語

誤字訂正

書き取り

同音・同訓異字①

次の＿＿線の**カタカナ**にあてはまる漢字をそれぞれの**ア～オ**から**一つ選び**、**記号**を答えよ。

☑ **01** 現金を使わない決済が普**キュウ**する。

☑ **02** この映画は不**キュウ**の名作だ。

☑ **03** 鳥取県は砂**キュウ**が名所だ。

ア	吸
イ	丘
ウ	旧
エ	及
オ	朽

☑ **04** 大きく腕を**フ**って歩く。

☑ **05** 雪が**フ**ってきた。

☑ **06** 子どもとの**フ**れ合いの時間をもつ。

ア	踏
イ	降
ウ	触
エ	振
オ	吹

☑ **07** **エン**側で夕すずみをする。

☑ **08** 高校球児に声**エン**をおくる。

☑ **09** 活火山の火口から噴**エン**が上がる。

ア	延
イ	沿
ウ	縁
エ	煙
オ	援

解答	解説
エ	普及：広く行き渡ること。また、行き渡らせること。 出例 普通
オ	不朽：くちないこと。 出例 老朽化／老朽
イ	砂丘：風によって運ばれた砂が堆積してできたおか。
エ	振る：体の一部を前後・左右・上下に繰り返すように動かす。 出例 振るう
イ	降る：空から雨や雪などが落ちてくる。霜が下りる。光が注ぐ。思いがけないことが身に及ぶ。
ウ	触れ合い：親しく交流を持つこと。ふれ合うこと。
ウ	縁側：和式の住宅で、座敷の外がわに設けた細長い板敷部分。 出例 良縁／縁起／縁故
オ	声援：こえをかけて励まし、元気づかせること。 出例 後援／応援／救援
エ	噴煙：火山の火口からふき上がるけむり。 出例 煙突／煙幕／禁煙

次の___線の**カタカナ**にあてはまる漢字をそれぞれの**ア〜オ**から**一つ**選び、**記号**を答えよ。

☑ **01** だれかに背中を<u>オ</u>された。

☑ **02** 次の首相に<u>オ</u>された。

☑ **03** 静電気を<u>オ</u>びる。

ア 老
イ 押
ウ 帯
エ 置
オ 推

☑ **04** <u>ト</u>方もない計画を立てる。

☑ **05** 留学のため<u>ト</u>航した。

☑ **06** 友が悲しい気持ちを<u>ト</u>露した。

ア 徒
イ 途
ウ 吐
エ 都
オ 渡

☑ **07** 川の水がきれいに<u>ス</u>む。

☑ **08** 相手の思惑が<u>ス</u>けて見えた。

☑ **09** 食事の前に宿題を<u>ス</u>ます。

ア 透
イ 住
ウ 済
エ 空
オ 澄

解答	解説
イ	押す：動かそうとして力を加える。物事を先へ進めようとする。強行する。確かめる。 出例 押さえる
オ	推す：ある地位などにふさわしいとして、適当な人や物事をすいせんする。
ウ	帯びる：身につける。含み持つ。引き受ける。
イ	途方：方向。手段。道理。 出例 途端／途中／別途
オ	渡航：航空機や船舶で海外へ出かけること。
ウ	吐露：心の中で思っていることを、隠さずに言うこと。 出例 吐息
オ	澄む：液体に濁りがなく、すき通った状態になる。 出例 澄ます
ア	透ける：物を通して、その向こうの物や中の物が見える。 出例 透かす／透く
ウ	済ます：物事を成しとげる。一応の決着をつける。 出例 済む

読み｜同音・同訓異字｜漢字識別｜熟語の構成｜部首｜対義語・類義語｜漢字と送りがな｜四字熟語｜誤字訂正｜書き取り

次の＿＿線の**カタカナ**にあてはまる漢字をそれぞれの**ア〜オ**から**一つ**選び、**記号**を答えよ。

☐ **01** 食器乾<u>ソウ</u>機に洗った皿を入れる。

ア 僧
イ 騒

☐ **02** 事件が起きて広場は<u>ソウ</u>然となった。

ウ 燥
エ 奏

☐ **03** 住職はかなりの老<u>ソウ</u>だ。

オ 総

☐ **04** 昔聞いた童<u>ヨウ</u>を口ずさむ。

ア 容
イ 溶

☐ **05** 火口から<u>ヨウ</u>岩が流れ出した。

ウ 要
エ 踊

☐ **06** 母は日本舞<u>ヨウ</u>の家元だ。

オ 謡

☐ **07** 長年、大国に<u>レイ</u>属している。

ア 齢
イ 麗

☐ **08** 友人は秀<u>レイ</u>な顔をしている。

ウ 礼
エ 令

☐ **09** <u>レイ</u>節を重んじた行動をとる。

オ 隷

解 答	解 説
ウ	乾燥：水分や湿気などが失われた状態のこと。
イ	騒然：ざわざわとさわがしいさま。不穏なさま。 出例 騒音／物騒／騒動
ア	老僧：年老いたそうりょ。 出例 高僧／僧衣／僧門
オ	童謡：子どものために作られた歌や詩。 出例 謡曲／歌謡
イ	溶岩：地下のマグマが火口から噴き出しているもの。また、それが冷却してできた岩。 出例 溶解／溶接／水溶液
エ	舞踊：音楽に合わせて体を動かし、感情や意志を表現する芸能。ダンス。
オ	隷属：他の支配下にあり、その言いなりになること。 出例 隷書／奴隷
イ	秀麗：整っていて美しいこと。 出例 端麗／奇麗／美麗
ウ	礼節：れいぎとせつど。 出例 婚礼／礼儀

読み　同音・同訓異字　漢字識別　熟語の構成　部首　対義語・類義語　漢字と送りがな　四字熟語　誤字訂正　書き取り

同音・同訓異字④

次の＿＿線の**カタカナ**にあてはまる漢字をそれぞれの**ア～オ**から**一つ**選び、**記号**を答えよ。

☑ **01** 気持ちを<u>コ</u>めて話をする。

☑ **02** すっかり舌が<u>コ</u>えてしまった。

☑ **03** 光が強いほど影が<u>コ</u>くなる。

ア	込
イ	濃
ウ	肥
エ	超
オ	越

☑ **04** 警備員がビル内を<u>ジュン</u>回する。

☑ **05** 隣のビルは来月の下<u>ジュン</u>に完成予定だ。

☑ **06** 試合は雨天<u>ジュン</u>延となった。

ア	順
イ	巡
ウ	旬
エ	純
オ	準

☑ **07** 夏祭りは<u>ジン</u>常ではないほどの人出だ。

☑ **08** 災害の復興に<u>ジン</u>力する。

☑ **09** 試合前に円<u>ジン</u>を組んだ。

ア	尽
イ	臣
ウ	尋
エ	仁
オ	陣

解答　解説

解答	解説
ア	込める：気持ちを注ぎ入れる。ある物の中に収める。 出例 込む／見込み
ウ	肥える：人や動物が太る。経験を積んで物事の善し悪しを見定める力がつく。 出例 肥やす
イ	濃い：色が深い。味などが強い。ぎっしりとして密度が高い。濃厚である。
イ	巡回：ある目的のために各地を移動すること。次々と見てまわること。 出例 巡視／巡業
ウ	下旬：その月の二十一日から末日までのこと。 出例 初旬／中旬／上旬
ア	順延：期日をのばすこと。 出例 順当／不順／順調
ウ	尋常：普通であること。 出例 尋問
ア	尽力：持っているものをすべて注ぎ込むこと。 出例 無尽蔵／理不尽／無尽
オ	円陣：人が円形になって並ぶこと。 出例 陣頭／退陣／陣営

読み｜同音・同訓異字｜漢字識別｜熟語の構成｜部首｜対義語・類義語｜漢字と送りがな｜四字熟語｜誤字訂正｜書き取り

01～05の三つの□に**共通する漢字**を入れて熟語を作れ。漢字は**ア～コ**から**一つ選び**、**記号**を答えよ（**06～10**も同様）。

☑ **01** 冷□・濃□・□水

ア	恋
イ	突
ウ	輩
エ	却
オ	認
カ	有
キ	視
ク	執
ケ	淡
コ	非

☑ **02** 黙□・是□・□可

☑ **03** □出・後□・弱□

☑ **04** 失□・悲□・□愛

☑ **05** □無・□頂・固□

☑ **06** 極□・□命的・筆□

ア	液
イ	来
ウ	贈
エ	港
オ	興
カ	脂
キ	珍
ク	致
ケ	冷
コ	怒

☑ **07** □肪・□汗・樹□

☑ **08** □号・激□・□声

☑ **09** 寄□・□与・□答

☑ **10** □味・□客・□品

解 答	解 説
ケ	冷淡：思いやりや同情心のないこと。 濃淡：色や味などの、濃いことと、うすいこと。 淡水：河川や湖など、塩分濃度が非常に低い水。
オ	黙認：暗黙のうちに許可すること。 是認：よいとみとめること。 認可：あることをみとめてゆるすこと。
ウ	輩出：才能のあるすぐれた人が続々と世に出ること。 後輩：年齢や地位など自分より下の人。 弱輩：未熟なこと。自分を卑下している語。
ア	失恋：思いを寄せる相手に拒絶されること。 悲恋：実らないかなしい結末の恋。 恋愛：お互いに思いを寄せて慕うこと。
カ	有無：あることとないこと。あるなし。 有頂：物事に熱中し、夢中になること。 固有：本来備わっていること。そのものだけにあること。
ク	極致：到達することのできる最高の境地や趣。 致命的：取りかえしのつかないほど重大なさま。 筆致：文章の書きぶり。書画のふでづかい。
カ	脂肪：常温で固体の油。 脂汗：苦しいときなどに出る、あぶらのような汗。 樹脂：針葉樹などから分泌される混合物質。やに。
コ	怒号：いかって大声で叫ぶ・どなること。またその声。 激怒：はげしくいかること。 怒声：いかって叫ぶ声。
ウ	寄贈：施設などに物品をおくること。 贈与：金品をおくること。 贈答：祝い事などに品物をおくること。
キ	珍味：めずらしい味。めったには味わえない食物。 珍客：思いがけない客。 珍品：めずらしい品物。

読み | 同音・同訓異字 | 漢字識別 | 熟語の構成 | 部首 | 対義語・類義語 | 漢字と送りがな | 四字熟語 | 誤字訂正 | 書き取り

249

01〜05の三つの□に**共通する漢字**を入れて熟語を作れ。漢字は**ア〜コ**から**一つ**選び、**記号**を答えよ（**06〜10**も同様）。

☑ **01** 豆□ ・ □敗 ・ 防□

☑ **02** 店□ ・ □装 ・ 本□

☑ **03** 多□ ・ □殺 ・ 繁□

☑ **04** 非□ ・ 平□ ・ □人

☑ **05** □党 ・ 授□ ・ 関□

ア	忙
イ	衛
ウ	授
エ	類
オ	与
カ	彩
キ	舗
ク	栄
ケ	凡
コ	腐

☑ **06** 童□ ・ □曲 ・ 民□

☑ **07** □濁 ・ □点 ・ □名

☑ **08** □点 ・ 根□ ・ 証□

☑ **09** 強□ ・ 富□ ・ □快

☑ **10** 気□ ・ □夫 ・ 背□

ア	謡
イ	底
ウ	顔
エ	弁
オ	豪
カ	汚
キ	骨
ク	拠
ケ	丈
コ	除

解 答	解 説
コ	豆腐：大豆の加工食品。 腐敗：くさること。身をもちくずすこと。 防腐：くさることを防ぐ作用。
キ	店舗：商品を並べて販売する建物。みせ。 舗装：アスファルトやコンクリートなどで道路の表面を固めること。 本舗：商品を作って売り出しているもとの店。
ア	多忙：非常にいそがしいこと。 忙殺：仕事などに追われて非常にいそがしいこと。 繁忙：仕事や用事が多くていそがしいこと。
ケ	非凡：普通よりすぐれていること。 平凡：ごく当たり前のこと。 凡人：普通の人。
オ	与党：政党政治で政権を担当している政党。 授与：物をさずけ与えること。 関与：あることに関係すること。
ア	童謡：子どものために作られた歌や詩。 謡曲：能の詞章のこと。 民謡：昔から民衆の間に伝承されてきた歌のこと。
カ	汚濁：よごれてにごること。 汚点：よごれた点。不名誉なところ。 汚名：悪い評判。不名誉な評判。
ク	拠点：活動の中心となる場所。 根拠：物事の理由となるもののこと。 証拠：真実を明らかにする物品など。
オ	強豪：勢いが盛んで手ごわいこと。またその人。 富豪：大金持ちのこと。 豪快：大きく力強く、気持ちのよいさま。
ケ	気丈：気持ちをしっかりと保っていること。 丈夫：健康であること。元気なさま。物が壊れにくいこと。 背丈：身長のこと。

読み｜同音・同訓異字｜漢字識別｜熟語の構成｜部首｜対義語・類義語｜漢字と送りがな｜四字熟語｜誤字訂正｜書き取り

251

01～05の三つの□に**共通する漢字**を入れて熟語を作れ。漢字は**ア～コ**から**一つ**選び、**記号**を答えよ（**06～10**も同様）。

☑ **01** 脈□・□子・□手

ア 烈
イ 即
ウ 拍
エ 絡
オ 罰
カ 動
キ 攻
ク 舞
ケ 獲
コ 講

☑ **02** 処□・賞□・□金

☑ **03** □台・鼓□・乱□

☑ **04** 猛□・□略・□撃

☑ **05** □刻・□決・□座

☑ **06** 象□・□候・□収

ア 兆
イ 雅
ウ 俗
エ 破
オ 劣
カ 習
キ 吸
ク 歓
ケ 凶
コ 徴

☑ **07** 優□・□悪・□勢

☑ **08** □楽・優□・□俗

☑ **09** □喜・□談・交□

☑ **10** □説・□悪・風□

解 答	解 説

解 答 | 解 説

ウ
- 脈拍：心臓から血液が押し出されるときに動脈に伝わる運動。
- 拍子：音楽のリズムを表す単位。何かが行われるそのとき。調子。
- 拍手：手を打ち合わせて音を立てること。

オ
- 処罰：罪に対してばつを与えること。
- 賞罰：ほめることとばっすること。
- 罰金：ばつとして取り立てる金。

ク
- 舞台：演劇などを行うために設けられた場所。
- 鼓舞：人の気持ちをふるい立たせること。
- 乱舞：入り乱れて踊ること。

キ
- 猛攻：激しくせめたてること。
- 攻略：相手を打ち負かすこと。説き伏せること。
- 攻撃：相手をせめうつこと。相手を非難すること。

イ
- 即刻：すぐさま。
- 即決：その場で決めること。
- 即座：すぐその場。

コ
- 象徴：抽象的な概念や思想などを具体的に表した目印や記号、物。
- 徴候：物事の起こる前ぶれ。
- 徴収：金銭などを取り立てること。

オ
- 優劣：すぐれていることと、おとっていること。
- 劣悪：品質や状態などがひどく悪いこと。
- 劣勢：勢いがおとっていること。形勢が悪いこと。また、そのさま。

イ
- 雅楽：大陸から伝来し、宮廷用の楽舞として発展したもの。
- 優雅：しとやかで美しく、気品があること。
- 雅俗：上品なものと、俗なもの。

ク
- 歓喜：非常に喜ぶこと。
- 歓談：打ち解けて楽しく話すこと。また、その話。
- 交歓：互いにうちとけて楽しむこと。

ウ
- 俗説：世間に言い伝えられている確かな根拠のない話。
- 俗悪：いやしく下品なこと。
- 風俗：ある時代や社会における生活上のしきたり。

熟語の構成①

熟語の構成のしかたには右の□のようなものがある。次の熟語は□の**ア〜オ**のどれにあたるか、**一つ選び記号**を答えよ。

☐ **01** 握 手

☐ **02** 不 備

☐ **03** 乾 燥

☐ **04** 脱 皮

☐ **05** 興 亡

☐ **06** 未 到

☐ **07** 激 突

☐ **08** 皮 膚

☐ **09** 歓 声

☐ **10** 攻 防

ア 同じような意味の漢字を重ねたもの
（例＝**善良**）

イ 反対または対応の意味を表す字を重ねたもの
（例＝**細大**）

ウ 前の字が後ろの字を修飾しているもの
（例＝**美談**）

エ 後ろの字が前の字の目的語・補語になっているもの
（例＝**点火**）

オ 前の字が後ろの字の意味を打ち消しているもの
（例＝**不当**）

| 解答 | 解説 |

読み
同音・同訓異字
漢字識別
熟語の構成
部首
対義語・類義語
漢字と送りがな
四字熟語
誤字訂正
書き取り

エ（目・補）　握手（あくしゅ）　握（る）←目・補　手（を）
手をにぎり合う。仲直りをする。

オ（打消）　不備（ふび）　不（否定）×←打消　備（え）

ア（同じ）　乾燥（かんそう）　乾＝同＝燥
どちらも「かわかす」の意。

エ（目・補）　脱皮（だっぴ）　脱（ぐ）←目・補　皮（を）
虫などが成長の際に古い皮をぬぎ捨てること。

イ（反対）　興亡（こうぼう）　興（おこる）←反→亡（びる）
おこることと、ほろびること。

オ（打消）　未到（みとう）　未（否定）×←打消　到（達する）

ウ（修飾）　激突（げきとつ）　激（しく）修→突（ぶつかる）

ア（同じ）　皮膚（ひふ）　皮＝同＝膚
どちらも「体の表面を構成する組織」の意。

ウ（修飾）　歓声（かんせい）　歓（よろこびの）修→声
喜びのあまりにあげる大声、叫び声。

イ（反対）　攻防（こうぼう）　攻（撃）←反→防（御）

熟語の構成②

熟語の構成のしかたには右の□のようなものがある。次の熟語は□の**ア〜オ**のどれにあたるか、**一つ選び記号**を答えよ。

☑ **01** 劣悪

☑ **02** 浮沈

☑ **03** 不問

☑ **04** 攻守

☑ **05** 拡幅

☑ **06** 旧暦

☑ **07** 後輩

☑ **08** 詳細

☑ **09** 不順

☑ **10** 越権

ア 同じような意味の漢字を重ねたもの
（例＝**善良**）

イ 反対または対応の意味を表す字を重ねたもの
（例＝**細大**）

ウ 前の字が後ろの字を修飾しているもの
（例＝**美談**）

エ 後ろの字が前の字の目的語・補語になっているもの
（例＝**点火**）

オ 前の字が後ろの字の意味を打ち消しているもの
（例＝**不当**）

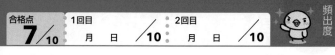

解　答	解　説	
ア（同じ）劣悪 れつあく	劣 =同= 悪 どちらも「よくない」の意。	読 み
イ（反対）浮沈 ふちん	浮（く）←反→沈（む） うくことと、しずむこと。栄えることと、おとろえること。	同音・同訓異字
オ（打消）不問 ふもん	不（否定）×←打消 問（う）	漢字識別
イ（反対）攻守 こうしゅ	攻（撃）←反→守（り）	熟語の構成
エ（目・補）拡幅 かくふく	拡（げる）←目・補 幅（を）	部 首
ウ（修飾）旧暦 きゅうれき	旧（ふるい）修→暦（こよみ）	対義語・類義語
ウ（修飾）後輩 こうはい	後（続の）修→輩（なかま）	漢字と送りがな
ア（同じ）詳細 しょうさい	詳 =同= 細 どちらも「くわしい」の意。	四字熟語
オ（打消）不順 ふじゅん	不（否定）×←打消 順（番）	誤字訂正
エ（目・補）越権 えっけん	越（える）←目・補 権（限を）	書き取り

熟語の構成のしかたには右の□のようなものがある。次の熟語は□の**ア〜オ**のどれにあたるか、**一つ**選び**記号**を答えよ。

☑ **01** 樹齢

☑ **02** 不詳

☑ **03** 退陣

☑ **04** 難易

☑ **05** 寝台

☑ **06** 屈指

☑ **07** 存亡

☑ **08** 歓喜

☑ **09** 増殖

☑ **10** 不測

ア 同じような意味の漢字を重ねたもの
（例＝**善良**）

イ 反対または対応の意味を表す字を重ねたもの
（例＝**細大**）

ウ 前の字が後ろの字を修飾しているもの
（例＝**美談**）

エ 後ろの字が前の字の目的語・補語になっているもの
（例＝**点火**）

オ 前の字が後ろの字の意味を打ち消しているもの
（例＝**不当**）

解答	解説		
ウ（修飾）	樹齢 じゅれい	樹（木の）　修 → 齢（年齢）	
オ（打消）	不詳 ふしょう	不（否定）× ← 打消　詳（しい）	
エ（目・補）	退陣 たいじん	退（く）← 目・補　陣（地を）	
イ（反対）	難易 なんい	難（しい）← 反 → 易（しい）	
ウ（修飾）	寝台 しんだい	寝（るための）　修 → 台	
エ（目・補）	屈指 くっし	屈（おる）← 目・補　指（を） 多くの中で、とくに指をおって数えられるほどにすぐれていること。	
イ（反対）	存亡 そんぼう	存（ながらえる）← 反 → 亡（びる）	
ア（同じ）	歓喜 かんき	歓 =同= 喜 どちらも「よろこぶ」の意。	
ア（同じ）	増殖 ぞうしょく	増 =同= 殖 どちらも「ふえる」の意。	
オ（打消）	不測 ふそく	不（否定）× ← 打消　測（予測）	

読み
同音・同訓異字
漢字識別
熟語の構成
部首
対義語・類義語
漢字と送りがな
四字熟語
誤字訂正
書き取り

次の漢字の**部首**を**ア〜エ**から**一つ**選び、**記号**で答えよ。

☐ 01	殖	ア 十	イ 目	ウ タ	エ 歹
☐ 02	甘	ア 甘	イ 一	ウ 凵	エ 口
☐ 03	粒	ア 立	イ 米	ウ 宀	エ 二
☐ 04	覧	ア 見	イ 臣	ウ 儿	エ 目
☐ 05	瞬	ア ⺍	イ タ	ウ ノ	エ 目
☐ 06	憶	ア 日	イ 心	ウ 忄	エ 立
☐ 07	撃	ア 手	イ 殳	ウ 車	エ 又
☐ 08	尋	ア 工	イ 寸	ウ 丨	エ 口
☐ 09	騒	ア 又	イ 馬	ウ 灬	エ 虫
☐ 10	鮮	ア 灬	イ 十	ウ 魚	エ 二
☐ 11	厚	ア ノ	イ 子	ウ 厂	エ 日
☐ 12	添	ア 氵	イ 小	ウ 大	エ ノ
☐ 13	票	ア 西	イ 丨	ウ 示	エ 二
☐ 14	衆	ア ノ	イ 皿	ウ 宀	エ 血
☐ 15	辞	ア 立	イ 辛	ウ 十	エ 口

解 答	解 説
エ	歹：かばねへん いちたへん がつへん **出例** 残もよく出る
ア	甘：かん あまい
イ	米：こめへん **出例** 糖もよく出る
ア	見：みる **出例** 覚もよく出る
エ	目：めへん
ウ	忄：りっしんべん **出例** 慢／惨もよく出る
ア	手：て **出例** 挙／承もよく出る
イ	寸：すん **出例** 尊／将もよく出る
イ	馬：うまへん **出例** 駆もよく出る
ウ	魚：うおへん
ウ	厂：がんだれ **出例** 原もよく出る
ア	氵：さんずい **出例** 潔／準／渡／浮もよく出る
ウ	示：しめす **出例** 示もよく出る
エ	血：ち **出例** 血もよく出る
イ	辛：からい

読み
同音・同訓異字
漢字識別
熟語の構成
部首
対義語・類義語
漢字と送りがな
四字熟語
誤字訂正
書き取り

次の漢字の**部首**を**ア〜エ**から**一つ**選び、**記号**で答えよ。

☐ **01**	髪	ア ム	イ ノ	ウ 髟	エ 又
☐ **02**	砲	ア 口	イ 石	ウ ク	エ 己
☐ **03**	就	ア 口	イ 小	ウ 宀	エ 尤
☐ **04**	老	ア 十	イ 耂	ウ 土	エ ノ
☐ **05**	賃	ア 亻	イ 目	ウ 貝	エ 十
☐ **06**	鑑	ア 皿	イ 八	ウ 臣	エ 金
☐ **07**	幕	ア 八	イ 日	ウ 艹	エ 巾
☐ **08**	疑	ア し	イ 疋	ウ ヒ	エ 矢
☐ **09**	般	ア 殳	イ 又	ウ 舟	エ 几
☐ **10**	蚕	ア 大	イ 虫	ウ ノ	エ 一
☐ **11**	岸	ア 十	イ 干	ウ 山	エ 厂
☐ **12**	郎	ア 丨	イ 日	ウ 丶	エ 阝
☐ **13**	夢	ア 艹	イ 冖	ウ 罒	エ 夕
☐ **14**	稿	ア 亠	イ 口	ウ 禾	エ 木
☐ **15**	暇	ア 口	イ 又	ウ 日	エ 二

合格点
11/15

1回目
月　日　/**15**

2回目
月　日　/**15**

頻出度

C

解答	解説
ウ	髟：かみがしら
イ	石：いしへん
エ	尢：だいのまげあし
イ	耂：おいかんむり　おいがしら
ウ	貝：かい　こがい **出例** 貨／貴／賞もよく出る
エ	釒：かねへん **出例** 鎖もよく出る
エ	巾：はば **出例** 常もよく出る
イ	疋：ひき
ウ	舟：ふねへん
イ	虫：むし
ウ	山：やま
エ	阝：おおざと **出例** 郷／郵もよく出る
エ	夕：た　ゆうべ
ウ	禾：のぎへん **出例** 稲もよく出る
ウ	日：ひへん

読み

同音・同訓異字

漢字識別

熟語の構成

部首

対義語・類義語

漢字と送りがな

四字熟語

誤字訂正

書き取り

対義語・類義語①

右の□内のひらがなを一度だけ使い、漢字一字に直して□に入れ、**対義語・類義語**を作れ。

対義語

☑ **01** 凶暴 ↔ 柔□

☑ **02** 深夜 ↔ □昼

☑ **03** 病弱 ↔ 丈□

☑ **04** 劣悪 ↔ 優□

☑ **05** 歓声 ↔ 悲□

類義語

☑ **06** 地道 = 堅□

☑ **07** 冷淡 = 薄□

☑ **08** 輸送 = □搬

☑ **09** 全快 = □治

☑ **10** 冒頭 = □初

うん
かん
さい
じつ
じょう
はく
ぶ
めい
りょう
わ

解答	解説

<table>
<tr><td>柔和
_{にゅうわ}</td><td>凶暴：性質が残忍で乱暴なこと。
柔和：性質や態度がやさしく、やわらかいこと。✗じゅうわ 出例 険悪 ↔ 柔和</td></tr>
<tr><td>白昼
_{はくちゅう}</td><td>深夜：真夜中。夜ふけ。
白昼：真昼。日中。</td></tr>
<tr><td>丈夫
_{じょうぶ}</td><td>病弱：体が弱く病気がちであること。
丈夫：健康であること。元気なさま。物が壊れにくいこと。</td></tr>
<tr><td>優良
_{ゆうりょう}</td><td>劣悪：品質や状態などがひどく悪いこと。
優良：他のものに比べてすぐれていること。</td></tr>
<tr><td>悲鳴
_{ひめい}</td><td>歓声：喜びのあまりにあげる大声、叫び声。
悲鳴：悲しみや恐怖、苦痛などのために声をあげること。また、その声。</td></tr>
<tr><td>堅実
_{けんじつ}</td><td>地道：地味でまじめなこと。また、そのさま。
堅実：手がたく確実なこと。また、そのさま。</td></tr>
<tr><td>薄情
_{はくじょう}</td><td>冷淡：思いやりや同じょう心のないこと。
薄情：人じょうにうすいこと。愛じょうのうすいこと。</td></tr>
<tr><td>運搬
_{うんぱん}</td><td>輸送：車や船で人や品物をはこぶこと。
運搬：人や物をはこび移すこと。</td></tr>
<tr><td>完治
_{かんち}</td><td>全快：病気がすっかり治ること。
完治：病気が治ること。</td></tr>
<tr><td>最初
_{さいしょ}</td><td>冒頭：文章の先頭部分のこと。
最初：一番はじめ。</td></tr>
</table>

読み

同音・同訓異字

漢字識別

熟語の構成

部首

対義語・類義語

漢字と送りがな

四字熟語

誤字訂正

書き取り

対義語・類義語②

右の□内のひらがなを一度だけ使い、漢字**一字**に直して□に入れ、**対義語・類義語**を作れ。

対義語

☑ **01** 沈殿 ↔ 浮□

☑ **02** 正統 ↔ □端

☑ **03** 確信 ↔ 憶□

☑ **04** 隷属 ↔ □立

☑ **05** 存続 ↔ 断□

類義語

☑ **06** 同等 = 匹□

☑ **07** 値段 = 価□

☑ **08** 早速 = 即□

☑ **09** 改定 = 変□

☑ **10** 将来 = 前□

い
かく
こう
こく
ぜつ
そく
てき
と
どく
ゆう

解答 / 解説

浮遊 (ふゆう)
沈殿：液体の中の微小固体が底に沈んでたまること。
浮遊：うかんでただようこと。

異端 (いたん)
正統：正しい系統。
異端：正統から外れていること。

憶測 (おくそく)
確信：かたく信じて疑わないこと。
憶測：根拠もなく、自分勝手におしはかること。**豆**「憶」は「臆」とも書く

独立 (どくりつ)
隷属：他の支配下にあり、その言いなりになること。
独立：他と離れて別になっていること。援助なく生活すること。**出例** 依存 ↔ 独立

断絶 (だんぜつ)
存続：引き続き存在すること。
断絶：とだえること。つながりや結びつきが切れること。

匹敵 (ひってき)
同等：等級や程度などが同じであること。
匹敵：能力や価値などが、ちょうど同じくらいであること。

価格 (かかく)
値段：物が売買されるときの金額。
価格：物の価値を金額で表したもの。

即刻 (そっこく)
早速：すみやかなさま。直ちに。
即刻：すぐさま。**出例** 早急 = 即刻

変更 (へんこう)
改定：従来の規則などを新しくすること。
変更：かえて改めること。かわり改まること。

前途 (ぜんと)
将来：これから先。未来。
前途：目的地までの道のり。

267

右の□内のひらがなを一度だけ使い、漢字**一字**に直して□に入れ、**対義語・類義語**を作れ。

対義語

☑ **01** 陽性 ↔ □性

☑ **02** 冷静 ↔ 熱□

☑ **03** 温和 ↔ 乱□

☑ **04** 供給 ↔ □要

☑ **05** 病弱 ↔ □夫

類義語

☑ **06** 簡単 = 容□

☑ **07** 介抱 = 看□

☑ **08** 冷静 = □着

☑ **09** 団結 = 結□

☑ **10** 風刺 = □肉

い
いん
ご
じゅ
じょう
そく
ちん
ひ
ぼう
れつ

解答 / 解説

陰性 (いんせい)
陽性：陽気な性質。ある刺激に対して反応のあること。
陰性：消極的でいん気なこと。ある刺激に対して反応のないこと。

熱烈 (ねつれつ)
冷静：感情に動かされず、落ちついていること。
熱烈：感情が高ぶるなどして、激しい態度をとるさま。

乱暴 (らんぼう)
温和：性格などがやさしくおだやかなこと。
乱暴：荒々しい振る舞いをすること。

需要 (じゅよう)
供給：必要に応じて物品を提供すること。
需要：求めること。また、そのもの。ある商品に対する、購買力に裏付けられた欲求。

丈夫 (じょうぶ)
病弱：体が弱く病気がちであること。
丈夫：健康であること。元気なさま。物が壊れにくいこと。

容易 (ようい)
簡単：物事が単純なこと。時間や手数がかからないさま。
容易：たやすいこと。やさしいこと。また、そのさま。

看護 (かんご)
介抱：病人などの世話をすること。
看護：病人・けが人などの手当てをしたり、世話をしたりすること。

沈着 (ちんちゃく)
冷静：感情に動かされず、落ちついていること。
沈着：落ちついていること。底にたまって付着すること。

結束 (けっそく)
団結：志を同じくする人が、まとまること。
結束：ひもなどでむすんでたばねること。志を同じくする人が一つになること。

皮肉 (ひにく)
風刺：社会や人物の欠点や問題点を、嘲笑的に表現して遠回しに批判すること。
皮肉：欠点を意地悪く遠まわしに突くこと。

対義語・類義語④

右の□内のひらがなを一度だけ使い、漢字**一字**に直して□に入れ、**対義語・類義語**を作れ。

対義語

☑ **01** 親切 ↔ 冷□

☑ **02** 客席 ↔ 舞□

☑ **03** 早熟 ↔ □成

☑ **04** 豊作 ↔ □作

☑ **05** 歓喜 ↔ □嘆

類義語

☑ **06** 同意 ＝ □成

☑ **07** 備蓄 ＝ □蔵

☑ **08** 露見 ＝ 発□

☑ **09** 留守 ＝ 不□

☑ **10** 天性 ＝ 素□

かく
きょう
ざい
さん
しつ
たい
たん
ちょ
ばん
ひ

解答	解説
冷淡 （れいたん）	親切：思いやりを持って人のためにつくすこと。 冷淡：思いやりや同情心のないこと。
舞台 （ぶたい）	客席：劇場などで客の座る席。 舞台：演劇などを行うために設けられた場所。
晩成 （ばんせい）	早熟：早く熟すること。発育が普通より早いこと。 晩成：遅れてでき上がること。年をとってから成功すること。
凶作 （きょうさく）	豊作：農作物の収穫が多いこと、できがよいこと。 凶作：農作物のできがとても悪いこと。
悲嘆 （ひたん）	歓喜：非常に喜ぶこと。 悲嘆：かなしみ、なげくこと。
賛成 （さんせい）	同意：他人の意見などをよいと認めること。同じ考え。同じ意味。 賛成：人の意見などをよいと認めて、それに同意すること。
貯蔵 （ちょぞう）	備蓄：万一にそなえてたくわえておくこと。 貯蔵：たくわえておくこと。 出例 蓄積＝貯蔵
発覚 （はっかく）	露見：悪事など隠していたことがばれること。 発覚：隠していた罪などが人に知れること。
不在 （ふざい）	留守：外出して家にいないこと。 不在：その場にいないこと。
素質 （そしつ）	天性：生まれつき備わっていること。 素質：持って生まれた性しつ。

読み

同音・同訓異字

漢字識別

熟語の構成

部首

対義語・類義語

漢字と送りがな

四字熟語

誤字訂正

書き取り

対義語・類義語⑤

右の□内のひらがなを一度だけ使い、漢字**一字**に直して□に入れ、**対義語・類義語**を作れ。

対義語

☑ 01 幼年 ↔ □齢

☑ 02 攻撃 ↔ 防□

☑ 03 希薄 ↔ □密

☑ 04 加盟 ↔ 脱□

☑ 05 是認 ↔ □認

類義語

☑ 06 許可 = □認

☑ 07 腕前 = □量

☑ 08 縁者 = □類

☑ 09 健闘 = □戦

☑ 10 無視 = 黙□

ぎ
ぎょ
さつ
しょう
しん
ぜん
たい
のう
ひ
ろう

解答	解説
<ruby>老齢<rt>ろうれい</rt></ruby>	幼年：おさない年齢。子ども。 老齢：年をとっていること。高齢。
<ruby>防御<rt>ぼうぎょ</rt></ruby>	攻撃：相手をせめうつこと。相手を非難することと。 防御：ふせぎ守ること。
<ruby>濃密<rt>のうみつ</rt></ruby>	希薄：気体や液体の密度などが薄いこと。 濃密：密度がこいこと。
<ruby>脱退<rt>だったい</rt></ruby>	加盟：団体や組織などに一員として加わること。 脱退：所属団体などから抜けること。 **出例** 加入 ↔ 脱退
<ruby>否認<rt>ひにん</rt></ruby>	是認：よいと認めること。 否認：認めないこと。承認しないこと。
<ruby>承認<rt>しょうにん</rt></ruby>	許可：願いを聞いて許すこと。 承認：あることを正当と判断すること。相手の言い分を聞き入れること。
<ruby>技量<rt>ぎりょう</rt></ruby>	腕前：物事をたくみにやりこなす術・能力。 技量：物事を行う腕前。手並み。 **出例** 手腕 ＝ 技量
<ruby>親類<rt>しんるい</rt></ruby>	縁者：縁続きの人。親戚。 親類：血縁や婚姻でつながっている人のうち、家族以外の人。
<ruby>善戦<rt>ぜんせん</rt></ruby>	健闘：困難に屈せず、がんばってたたかうこと。 善戦：十分に力を尽くしてよくたたかうこと。
<ruby>黙殺<rt>もくさつ</rt></ruby>	無視：存在するものをないように扱うこと。 黙殺：無視して取り合わないこと。

読み　同音・同訓異字　漢字識別　熟語の構成　部首　対義語・類義語　漢字と送りがな　四字熟語　誤字訂正　書き取り

対義語・類義語⑥

右の□内のひらがなを一度だけ使い、漢字**一字**に直して□に入れ、**対義語・類義語**を作れ。

対義語

☑ **01** 難解 ↔ 平□

☑ **02** 分離 ↔ □合

☑ **03** 末尾 ↔ 冒□

☑ **04** 執着 ↔ 断□

☑ **05** 歓声 ↔ □鳴

類義語

☑ **06** 離合 ＝ 集□

☑ **07** 回想 ＝ □憶

☑ **08** 加勢 ＝ □援

☑ **09** 同感 ＝ □鳴

☑ **10** 近隣 ＝ □辺

い
おう
きょう
けつ
さん
しゅう
つい
とう
ねん
ひ

解 答	解 説
<ruby>平易<rt>へいい</rt></ruby>	**難解**：むずかしくてわかりにくいこと。 **平易**：簡単でわかりやすいこと。
<ruby>結合<rt>けつごう</rt></ruby>	**分離**：わかれること。わけて離すこと。 **結合**：むすびついて一つになること。むすびつけること。
<ruby>冒頭<rt>ぼうとう</rt></ruby>	**末尾**：文章の最後の部分のこと。 **冒頭**：文章の先とう部分のこと。
<ruby>断念<rt>だんねん</rt></ruby>	**執着**：あることにとらわれて、そこから離れないこと。 **断念**：見切りをつけてあきらめること。
<ruby>悲鳴<rt>ひめい</rt></ruby>	**歓声**：喜びのあまりにあげる大声、叫び声。 **悲鳴**：かなしみや恐怖、苦痛などのために声をあげること。また、その声。
<ruby>集散<rt>しゅうさん</rt></ruby>	**離合**：離れたり合わさったりすること。 **集散**：集まることとちること。
<ruby>追憶<rt>ついおく</rt></ruby>	**回想**：過去のことを振り返り、思いをめぐらすこと。 **追憶**：過去を思い出すこと。
<ruby>応援<rt>おうえん</rt></ruby>	**加勢**：自分の力を貸して他人を助けること。 **応援**：はげましたりして手助けすること。
<ruby>共鳴<rt>きょうめい</rt></ruby>	**同感**：同じように感じること。 **共鳴**：ある物体の振動が、他の物体に伝わること。他人の考えや行動に心から同感すること。
<ruby>周辺<rt>しゅうへん</rt></ruby>	**近隣**：ごく近いあたり。隣近所。 **周辺**：あるものをとりまいている部分。

読み　同音・同訓異字　漢字識別　熟語の構成　部首　対義語・類義語　漢字と送りがな　四字熟語　誤字訂正　書き取り

対義語・類義語⑦

右の□内のひらがなを一度だけ使い、漢字**一字**に直して□に入れ、**対義語・類義語**を作れ。

対義語

☑ **01** 家臣 ↔ □君

☑ **02** 厳寒 ↔ 猛□

☑ **03** 困難 ↔ 容□

☑ **04** 単純 ↔ □雑

☑ **05** 歳末 ↔ 年□

類義語

☑ **06** 老練 = 円□

☑ **07** 重荷 = 負□

☑ **08** 周到 = 綿□

☑ **09** 改定 = □更

☑ **10** 運搬 = 運□

い
しゅ
じゅく
しょ
たん
とう
ふく
へん
みつ
ゆ

解　答	解　説
しゅくん **主君**	家臣：家に仕える臣下。家来。 主君：自分の仕えている君しゅ・しゅ人。 **出例** 家来 ↔ 主君
もうしょ **猛暑**	厳寒：非常に寒いこと。 猛暑：きびしい暑さ。
ようい **容易**	困難：やり遂げることがとても難しいこと。 容易：たやすいこと。やさしいこと。また、そのさま。
ふくざつ **複雑**	単純：構造や考え方が込み入っていないこと。 複雑：物事の事情や関係、構造などが込み入っていること。
ねんとう **年頭**	歳末：年の暮れ。年末。 年頭：年のはじめ。年初。
えんじゅく **円熟**	老練：経験を積んで巧みなこと。 円熟：豊富な経験により知識や技が巧みで豊かなこと。
ふたん **負担**	重荷：おもい荷物。責任が大きいこと。 負担：責任や仕事が自分の力を超えていること。
めんみつ **綿密**	周到：よく行き届いて手抜かりのないさま。 綿密：詳しく細かいこと。
へんこう **変更**	改定：従来の規則などを新しくすること。 変更：かえて改めること。かわり改まること。
うんゆ **運輸**	運搬：人や物をはこび移すこと。 運輸：客や貨物をはこび送ること。

読み　同音・同訓異字　漢字識別　熟語の構成　部首　対義語・類義語　漢字と送りがな　四字熟語　誤字訂正　書き取り

漢字と送りがな①

次の＿＿線の**カタカナ**を**漢字一字**と**送りがな（ひらがな）**に直せ。　　質問に<u>コタエル</u>。答える

☑ **01** 先生の指示に<u>シタガワ</u>ない。

☑ **02** 北海道を<u>ノゾイ</u>て夏日になった。

☑ **03** <u>アラタナ</u>人生を歩みはじめる。

☑ **04** 熱いスープを<u>サマス</u>。

☑ **05** 玉ねぎを<u>コマカク</u>刻む。

☑ **06** 心<u>ヤスラカ</u>に日常を過ごす。

☑ **07** 依然として<u>キビシイ</u>状況が続く。

☑ **08** 朝の身支度を手早く<u>スマス</u>。

☑ **09** 船からつり糸を<u>タラス</u>。

☑ **10** 一代で巨万の富を<u>キズク</u>。

解 答	解 説
従わ	従う：後についていく。他からの力に逆らわない。
除い	除く：範囲に加えない。そこから取ってなくす。取りのぞく。
新たな	新たな：今までの状態を改め、あたらしくするさま。あたらしいさま。 **音読** シン
冷ます	冷ます：熱いものの熱を下げる。高ぶった感情をおさえる。 **出例** 冷める／冷える **音読** レイ
細かく	細かい：大きさや単位などが非常に小さい。小さいところまで行き届く。
安らか	安らかだ：大きな変化がなく穏やかである。
厳しい	厳しい：物事が緊迫している。少しのゆるみも許さない。 **音読** ゲン・ゴン高
済ます	済ます：物事を成し遂げる。一応の決着をつける。 **音読** サイ
垂らす	垂らす：たれるようにする。液体などを少しずつ上から流す。 **出例** 垂れる **音読** スイ
築く	築く：土石などをつき固めて作る。基礎を固めて作り上げる。 **音読** チク

次の____線の**カタカナ**を**漢字一字**と**送りがな（ひらがな）**に直せ。　質問に<u>コタエル</u>。答える

☑ **01** 夏休みの間に生活が<u>ミダレル</u>。

☑ **02** 幼い子供が親の後ろに<u>カクレル</u>。

☑ **03** 先生の話に耳を<u>カタムケル</u>

☑ **04** 水不足で庭の木を<u>カラス</u>。

☑ **05** 魚の骨がのどに<u>ササル</u>。

☑ **06** 工事中の道路を<u>サケテ</u>通る。

☑ **07** 動物園を逃げ出したサルが<u>ツカマル</u>。

☑ **08** 演説の内容に疑問を<u>イダク</u>。

☑ **09** 家族の中で兄は<u>タノモシイ</u>存在だ。

☑ **10** 桜の花が春の訪れを<u>ツゲル</u>。

解答	解説
乱れる	乱れる：ばらばらになる。まとまりがなくなる。
隠れる	隠れる：物の陰になって見えなくなる。人目につかないようにする。ひっそりと生活する。多くの人に知られずにいる。
傾ける	傾ける：斜めにする。集中させる。 **出例** 傾く
枯らす	枯らす：植物をかれさせる。 **出例** 枯れる
刺さる	刺さる：とがった物がある場所に突き立つ。
避けて	避ける：かかわらずに離れるようになる。わきを通る。
捕まる	捕まる：とらえられる。 **出例** 捕まえる
抱く	抱く：ある考えを思いえがく。かかえるように持つ。
頼もしい	頼もしい：たよりになって心強い。
告げる	告げる：多くの人々に知らせる。言葉で伝え知らせる。 **音読** コク

281

次の＿＿線の**カタカナ**を**漢字一字**と**送りがな（ひらがな）**に直せ。　質問に<u>コタエル</u>。答える

☑ **01** 人類のルーツを<u>サグル</u>。

☑ **02** お年玉を親に<u>アズケル</u>。

☑ **03** <u>エライ</u>人の言うことを聞く。

☑ **04** 夏の夜空に星が<u>カガヤク</u>。

☑ **05** 水族館で<u>メズラシイ</u>生き物を見た。

☑ **06** 娘の高校卒業を<u>イワウ</u>。

☑ **07** 手術が三時間にも<u>オヨブ</u>。

☑ **08** 火の<u>イキオイ</u>がおとろえない。

☑ **09** 敵の攻撃が<u>ハゲシイ</u>。

☑ **10** 自分と人を<u>クラベル</u>必要はない。

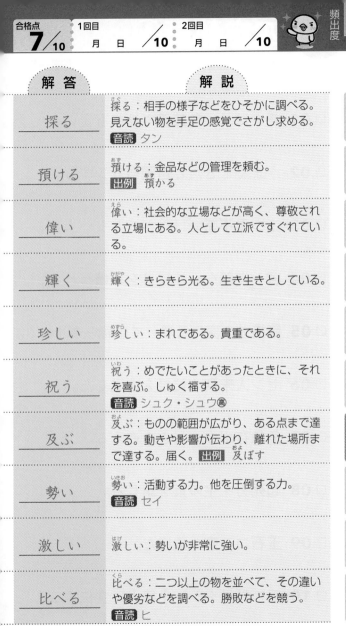

合格点
7/10

1回目
月 日 /10

2回目
月 日 /10

頻出度
C

解答	解説	
探る	探る：相手の様子などをひそかに調べる。見えない物を手足の感覚でさがし求める。 音読 タン	読み
預ける	預ける：金品などの管理を頼む。 出例 預かる	同音・同訓異字
偉い	偉い：社会的な立場などが高く、尊敬される立場にある。人として立派ですぐれている。	漢字識別
輝く	輝く：きらきら光る。生き生きとしている。	熟語の構成
珍しい	珍しい：まれである。貴重である。	部首
祝う	祝う：めでたいことがあったときに、それを喜ぶ。しゅく福する。 音読 シュク・シュウ匬	対義語・類義語
及ぶ	及ぶ：ものの範囲が広がり、ある点まで達する。動きや影響が伝わり、離れた場所まで達する。届く。出例 及ぼす	漢字と送りがな
勢い	勢い：活動する力。他を圧倒する力。 音読 セイ	四字熟語
激しい	激しい：勢いが非常に強い。	誤字訂正
比べる	比べる：二つ以上の物を並べて、その違いや優劣などを調べる。勝敗などを競う。 音読 ヒ	書き取り

文中の**四字熟語**の＿＿線の**カタカナ**を**漢字一字**に直せ。

☑ **01** 親友は**サイ**色兼備で性格もよい。

☑ **02** うまくできたと**自画自サン**する。

☑ **03** **ユウ**柔不断ではっきりしない人だ。

☑ **04** 容**シ**端麗な女性に目をうばわれる。

☑ **05** 臨機**オウ**変に処理して難局を乗り切る。

☑ **06** **ゼン**人未到の記録を達成した。

☑ **07** 危急存**ボウ**のときを迎える。

☑ **08** 起死**カイ**生の策を講じる。

☑ **09** 玉石**コン**交の集団だ。

☑ **10** 薬の効果を**シン**小棒大に宣伝する。

解　答	解　説
才色兼備 さいしょくけんび	女性がすぐれた能力と美しい容姿をあわせ持つこと。**出例**「兼/備」も問われる （豆）「才色」は「さいしき」「さいそく」とも読む
自画自賛 じがじさん	自分のした行為を自分でほめること。**出例**「画」も問われる
優柔不断 ゆうじゅうふだん	ぐずぐずとして、いつまでも物事を決断できないこと。**出例**「柔/断」も問われる **対義語** 即断即決
容姿端麗 ようしたんれい	すがた形の美しいこと。 **出例**「容/端」も問われる
臨機応変 りんきおうへん	場面や状況の変化におうじて、適切な手段をとること。**出例**「臨」も問われる （豆）「機に臨んで変に応ず」とも読む
前人未到 ぜんじんみとう	これまでだれも到達していないこと。また、だれも足を踏み入れていないこと。 **出例**「未」も問われる
危急存亡 ききゅうそんぼう	危機が迫り、生き残るか滅びるかの瀬戸際。 **出例**「危/急/存」も問われる （豆）「危急存亡の秋」という形で用いる
起死回生 きしかいせい	絶望的な状態のものを立ち直らせ、もとにもどすこと。**出例**「起/死」も問われる （豆）「回生起死」ともいう
玉石混交 ぎょくせきこんこう	すぐれたものと劣ったものが入りまじっていること。**出例**「玉」も問われる
針小棒大 しんしょうぼうだい	はりほどのことを棒のように大きく言う意から、物事を大げさに言いたてること。 **出例**「棒」も問われる

文中の**四字熟語**の____線の**カタカナ**を**漢字一字**に直せ。

☐ **01** 創意工**フウ**のあとが見られる。

☐ **02** 大**キ**晩成と言われて喜ぶ。

☐ **03** 作文の内容はどれも**大同小イ**だ。

☐ **04** 部下に**無理ナン**題を押しつける。

☐ **05** 満点をとって**キ色満面**になる。

☐ **06** 祖父は**言行一チ**の人だ。

☐ **07** 思慮分**ベツ**のある発言をする。

☐ **08** しょせんは**同床異ム**の集まりだ。

☐ **09** 利害**トク失**ばかり考えて行動する。

☐ **10** 初対面で**意気トウ合**した。

解 答	解 説
創意工夫 そう い く ふう	「創意」は新しい思いつき、「工夫」は手段。独創的な方策を編み出すこと。 **出例**「創」も問われる
大器晩成 たい き ばんせい	大きなうつわはできあがるのに時間がかかることから、大人物となる人はふつうより遅れて大成するということ。**出例**「晩」も問われる
大同小異 だいどうしょう い	細かい点に違いはあっても、だいたいは同じであること。**出例**「同」も問われる ✖違 **類義語** 同工異曲
無理難題 む り なんだい	無理な言いがかり。とうてい実現できそうもない要求。
喜色満面 き しょくまんめん	顔いっぱいにうれしそうなよろこびの表情を表すこと。 **出例**「満／面」も問われる ✖気
言行一致 げんこういっ ち	口で言うことと行動とがぴったり合うこと。 **出例**「言／行」も問われる
思慮分別 し りょふんべつ	物事の道理をわきまえ、深く考えて判断を下すこと。 **出例**「慮／分」も問われる
同床異夢 どうしょう い む	夫婦が同じ寝床に寝ていても異なるゆめを見る意から、行動をともにする仲間でも考え方や目的が異なること。**出例**「床／異」も問われる
利害得失 り がいとくしつ	利害と損とく。自分のとくになることと、損になること。 **出例**「利／害」も問われる
意気投合 い き とうごう	互いの気持ちがぴったりと合うこと。 **出例**「意」も問われる

読み / 同音・同訓異字 / 漢字識別 / 熟語の構成 / 部首 / 対義語・類義語 / 漢字と送りがな / 四字熟語 / 誤字訂正 / 書き取り

文中の**四字熟語**の＿＿線の**カタカナ**を**漢字一字**に直せ。

☑ **01** 多<u>ジ</u>多端な日々が続く。

☑ **02** 上司が意<u>シ</u>薄弱で困っている。

☑ **03** 恩師の言葉を<u>ゴ</u>生大事にしている。

☑ **04** 七転八<u>キ</u>で勉強にはげむ。

☑ **05** 裁判で青天<u>ハク</u>日の身となった。

☑ **06** 討論会はまさに<u>ダン</u>論風発となった。

☑ **07** <u>オン</u>故知新の精神を大切にする。

☑ **08** <u>ソッ</u>先垂範を心がける。

☑ **09** 意味<u>シン</u>長な笑みを浮かべる。

☑ **10** 人員整理には**大<u>ギ</u>名分**が必要だ。

解 答	解 説
多事多端 (た じ た たん)	仕事が多く、非常に忙しいこと。
意志薄弱 (い し はくじゃく)	意しが弱く、忍耐力に欠けたり、決断力や実行力がなかったりするさま。**出例**「薄」も問われる **類義語** 薄志弱行／優柔不断
後生大事 (ご しょうだい じ)	心をこめてはげみ、物を大事にあつかうこと。 **出例**「生」も問われる
七転八起 (しちてんはっき)	失敗を重ねても、くじけることなく奮起すること。 **出例**「転」も問われる
青天白日 (せいてんはくじつ)	よく晴れた天気。転じて、心にやましさも後ろめたさもなく、潔ぱくであること。 **出例**「青」も問われる
談論風発 (だんろんふうはつ)	話や議論が活発に行われること。 **出例**「風」も問われる
温故知新 (おん こ ち しん)	古い事柄を調べ、そこから新しい知識や道理を得ること。**出例**「故／知」も問われる **(豆)**「故きを温ねて新しきを知る」と訓読する
率先垂範 (そっせんすいはん)	人の先に立って模範を示すこと。 **出例**「垂／範」も問われる
意味深長 (い み しんちょう)	人の言動や表現が奥ぶかい意味を持っていること。裏に別の意味が隠されていること。 **出例**「長」も問われる ✗伸
大義名分 (たい ぎ めいぶん)	何か行動を起こす際のよりどころとなる正当な道理。 **出例**「分」も問われる

読み 同音・同訓異字 漢字識別 熟語の構成 部首 対義語・類義語 漢字と送りがな 四字熟語 誤字訂正 書き取り

次の各文にまちがって使われている**同じ読みの漢字**が**一字**ある。**誤字**と**正しい漢字**を答えよ。

☑ **01** 仕事のやり方が違いすぎて自分の所理能力ではこなすことができない。

☑ **02** 交通事故の被害者は重傷だったが、救急隊員が十分な処致をしていたため一命を取り留めた。

☑ **03** 病気で入院したとき、医師から現在の状態や知療方針などを詳細に説明された。

☑ **04** 日ごろからの暴飲暴食の影響からか、半年前より体重が大幅に殖えた。

☑ **05** 今週末の全国模試の対策として、参考書に出ている数多くの問題を溶いた。

☑ **06** 自宅を解築する際、複数の業者から見積もりをとって検討を重ねた。

☑ **07** 戦線離脱していた主力選手がけがから復帰し今後の活躍が希待されている。

☑ **08** 来月の初旬に市長選挙が行われるが、その項補者が出そろった。

☑ **09** 工場跡地の地質調査のため、載取した土が研究機関に持ち込まれた。

☑ **10** 午前中に行われた各部署の責任者が集う会議で来年度の採用方信を決定した。

解 答	解 説
所 → 処	処理：物事をさばいて始末をつけること。
致 → 置	処置：その場に適した行動をして始末をつけること。
知 → 治	治療：病気やけがを治すための行為。
殖 → 増	増える：数量が多くなる。
溶 → 解	解く：答えを出す。結んだものをほどく。疑いを晴らす。
解 → 改	改築：建物などを新しくつくり直すこと。
希 → 期	期待：将来そのことが実現するようにと望みをかけて待つこと。
項 → 候	候補：ある地位などを得る可能性のある人。ある地位などにつくことを希望する、または他の人に推されていること。
載 → 採	採取：研究・調査などのため、いろいろな物や情報などを集めること。
信 → 針	方針：物事を進める方向。物事を進める本人が主体的に進むべき方向を示すこと。

読み
同音・同訓異字
漢字識別
熟語の構成
部首
対義語・類義語
漢字と送りがな
四字熟語
誤字訂正
書き取り

次の各文にまちがって使われている**同じ読みの漢字**が**一字**ある。**誤字**と**正しい漢字**を答えよ。

☑ **01** 交通安全週間に近くの国道で警察によるスピード異反の取りしまりが行われた。

☑ **02** 目的の商品を買うために小売店を訪れたが、品切れ状態で通信搬売を利用して入手した。

☑ **03** 全国大会での活約が認められ、後日学校の集会で称賛された。

☑ **04** 急激な人口の増化により保育所や小学校の数が不足している。

☑ **05** 失業問題を解決するための社会改格の重要性を国民に強く訴えた。

☑ **06** 世界各地では気候変動などにより一部の野生動物の存続危期が問題になっている。

☑ **07** 突然災害に見舞われた友好国に急援物資を輸送した。

☑ **08** 収入は限少するが、幼いころからの夢を追うために転職をした。

☑ **09** 入院中つらかったのは手術や治療ではなく好物の飲食を制元されたことだった。

☑ **10** 初対面の人に会うときは第一印承が重要であるから、服装や言動には十分注意する。

解 答	解 説
異 → 違	違反：規則などに背くこと。
搬 → 販	販売：商品をうること。
約 → 躍	活躍：目覚ましく活動してこうけんすること。
化 → 加	増加：物の数量が増えること。また、増やすこと。
格 → 革	改革：あらためて変えること。よりよくあらためること。
期 → 機	危機：悪い結果が予測される危険な状況のこと。
急 → 救	救援：災害や危険におちいっている人を助けること。また、助けて力づけること。
限 → 減	減少：へって少なくなること。また、へらして少なくすること。
元 → 限	制限：物事にかぎりを設けること。また、そのかぎり。
承 → 象	印象：人の心に与える直接的な感じ。また、強く感じて忘れられないこと。

次の＿＿線の**カタカナ**を**漢字**に直せ。

☑ **01** 妹は<u>ジョウシキ</u>外れな行動をした。

☑ **02** 明け方の<u>ジシン</u>によって目が覚めた。

☑ **03** 試合前に<u>エンジン</u>を組んで士気を高める。

☑ **04** 破損の<u>テイド</u>がひどい。

☑ **05** 目的地の<u>トチュウ</u>で下車した。

☑ **06** 中学校で<u>エンバン</u>投げを始める。

☑ **07** 集会には多くの<u>ワコウド</u>が集った。

☑ **08** 別れてから長い年月を<u>へ</u>る。

☑ **09** 失敗しても<u>ヨワネ</u>は吐かない。

☑ **10** 北海道からカニが<u>トド</u>く。

解答 / 解説

常識 じょうしき

常識：一般の社会人が共通に持っている、または持つべき、普通の知しきや意見、思慮分別。 出例 常備／通常

地震 じしん

地震：地球内部の急激な変動によって大地がゆれる現象。
出例 余震／震える

円陣 えんじん

円陣：人が円の形になって集まること。
出例 陣地

程度 ていど

程度：ほかの物と比べたときの、物事の高低や大小、優劣などのほど合い。適当と考えられるほど合い。

途中 とちゅう

途中：出発してから最終目的までの間。
出例 用途

円盤 えんばん

円盤：陸上競技で使用する丸い盤。円形で平たいもの。
出例 終盤／地盤

若人 わこうど

若人：年齢のわかいひと。青年。

経る へる

経る：月日や時間が過ぎる。その場所を通過する。ある過程を通る。
出例 経過／経由

弱音 よわね

弱音：意気地のない言葉。弱々しい声。

届く とどく

届く：送った物が相手のところに着く。あるところに達する。
出例 届ける

次の___線の**カタカナ**を**漢字**に直せ。

☑ **01** 災害に備えて<u>ヒツジュ</u>品をそろえる。

☑ **02** 飛行機が空港に<u>トウチャク</u>する。

☑ **03** <u>ムチュウ</u>でパズルを解く。

☑ **04** <u>コウレイ</u>者は激しい運動に気をつける。

☑ **05** 祖父は<u>ユイゴン</u>状を書いた。

☑ **06** <u>ヒヨウ</u>はいくらかかってもよい。

☑ **07** 失敗を恐れず勇気を<u>フル</u>う。

☑ **08** 子どもは聞き分けがなくて<u>コマ</u>る。

☑ **09** 近くの池でつり糸を<u>タ</u>らす。

☑ **10** 毛糸でマフラーを<u>ア</u>む。

頻出度

C

合格点
7/10

1回目
月　日　/10

2回目
月　日　/10

解　答	解　説
<ruby>必需<rt>ひつじゅ</rt></ruby>	必需：何かをするために、なくてはならないこと。 **出例** 需要
<ruby>到着<rt>とうちゃく</rt></ruby>	到着：目的とする地点に行きつくこと。届くこと。 **出例** 到達
<ruby>夢中<rt>むちゅう</rt></ruby>	夢中：一つの物事に心を奪われて我を忘れること。ゆめを見ている間。 **出例** 正夢
<ruby>高齢<rt>こうれい</rt></ruby>	高齢：年老いていること。 **出例** 樹齢
<ruby>遺言<rt>ゆいごん</rt></ruby>	遺言：自分の死後のことについていい残すこと。また、そのことば。 **出例** 遺産
<ruby>費用<rt>ひよう</rt></ruby>	費用：物を買ったり、使ったりする際に必要な金銭。
<ruby>奮<rt>ふる</rt></ruby>う	奮う：心が勇み立つ。何かをしようと気力が盛り上がる。 **出例** 興奮
<ruby>困<rt>こま</rt></ruby>る	困る：物事をどう処理すればよいかわからず悩む。難儀する。
<ruby>垂<rt>た</rt></ruby>らす	垂れる：たれるようにする。液体などを少しずつ上から流す。
<ruby>編<rt>あ</rt></ruby>む	編む：糸や竹、髪の毛などを互い違いに組んで、衣類や敷物、髪型などを作る。 **出例** 短編／編成

読み

同音・同訓異字

漢字識別

熟語の構成

部首

対義語・類義語

漢字と送りがな

四字熟語

誤字訂正

書き取り

次の＿＿線の**カタカナ**を**漢字**に直せ。

☑ **01** 駅まで歩いて**オウフク**する。

☑ **02** 「**ショウチ**しました」と答える。

☑ **03** **リンジ**の列車が増発される。

☑ **04** 死亡者数が**キュウゾウ**した。

☑ **05** 走ったので**コキュウ**を整える。

☑ **06** 自分の声を**ロクオン**する。

☑ **07** 失敗を認めて素直に**アヤマ**る。

☑ **08** 絹糸で布を**オ**る。

☑ **09** だれでもいつかは**オ**いるものだ。

☑ **10** 生地を紅色に**ソ**める。

解答	解説

往復（おうふく）
往復：行きと帰り。行ってもどること。
✕ 応復

承知（しょうち）
承知：しっていること。依頼などを聞き入れること。
出例 承認／伝承

臨時（りんじ）
臨時：定まったときでなく、必要に応じて行うこと。

急増（きゅうぞう）
急増：きゅうにふえること。
出例 増築／増える

呼吸（こきゅう）
呼吸：息をすったり吐いたりすること。
出例 点呼／呼ぶ

録音（ろくおん）
録音：音や音楽などをレコーダなどに記ろくすること。また、その物。
出例 目録 ✕ 緑音

謝る（あやまる）
謝る：過失や罪を認めて許しを求める。わびる。
出例 謝罪 豆 「謝」は6級配当漢字だが、「あやま（る）」は中学校で学習する読み

織る（おる）
織る：おり機で、たて糸とよこ糸を一定の規則で組み合わせて布を作る。

老いる（おいる）
老いる：年をとって心身がおとろえる。年をとる。

染める（そめる）
染まる：色がしみこむようにする。その色にする。深く心をよせる。

次の＿＿線の**カタカナ**を**漢字**に直せ。

☑ **01** 音を<u>キュウシュウ</u>する建材を使う。

☑ **02** 児童の肥満解消の<u>タイサク</u>を練る。

☑ **03** ゴミを<u>ホウチ</u>してはいけない。

☑ **04** <u>ウンチン</u>の値上げが行われた。

☑ **05** 他国の<u>リョウド</u>を侵犯する。

☑ **06** 契約書に<u>ショメイ</u>する。

☑ **07** 言っていることが<u>カラマワ</u>りする。

☑ **08** <u>オオヤケ</u>の立場ではそんなことは言えない。

☑ **09** 恩師は<u>モット</u>も優れた学者だった。

☑ **10** 弁護士になる<u>ココロザシ</u>を持つ。

解 答	解 説	
きゅうしゅう 吸収	吸収：外部から内部にすい取ること。取り入れて自分の物とすること。 **出例** 吸う	読み
たいさく 対策	対策：相手の態度や事件の状況に応じてとる手段。 **出例** 得策	同音・同訓異字
ほうち 放置	放置：そのままほうっておくこと。	漢字識別
うんちん 運賃	運賃：旅客や貨物をはこぶ料金。 ✕ 運貸	熟語の構成
りょうど 領土	領土：国が統治している区域。 **出例** 要領	部首
しょめい 署名	署名：文書に自分の氏名を書くこと。また、その書いた氏名。	対義語・類義語
からまわり 空回り	空回り：むだに回転すること。理論や行動が発展せずに、堂々めぐりをすること。	漢字と送りがな
おおやけ 公	公：国家や政府、官庁。私有でないこと。公共。表だったこと。	四字熟語
もっと 最も	最も：比べたものの中で一番である。最高に。	誤字訂正
こころざし 志	志：思い定めた目的・目標。相手を思う気持ち。 **出例** 志す／志望	書き取り

301

次の＿＿線の**カタカナ**を**漢字**に直せ。

☑ **01** 試合で<u>タイボウ</u>の先取点が入った。

☑ **02** 販売<u>ジッセキ</u>が前年を下回る。

☑ **03** 美しい<u>エイゾウ</u>にくぎ付けになる。

☑ **04** 世界的に<u>コクモツ</u>が不足している。

☑ **05** <u>ウチュウ</u>ステーションを建設する。

☑ **06** <u>チョウカン</u>がポストに届く。

☑ **07** 隣人から愛犬を三日間<u>アズ</u>かる。

☑ **08** 松の木の<u>ミキ</u>にわらを巻く。

☑ **09** この先は<u>ケワ</u>しい山道が続く。

☑ **10** 将来性のない会社を<u>ミカギ</u>る。

合格点	1回目	2回目
7/10	月　日　／**10**	月　日　／**10**

読み

同音・同訓異字

漢字識別

熟語の構成

部首

対義語・類義語

漢字と送りがな

四字熟語

誤字訂正

書き取り

解答　／　解説

待望 （たいぼう）
待望：実現をまちのぞむこと。心まちにすること。
出例 切望／本望／望む

実績 （じっせき）
実績：残した成績。やり遂げた成果。

映像 （えいぞう）
映像：映画やテレビの画面にうつし出された画像。光の屈折や反射によってうつし出された像。**出例** 映る

穀物 （こくもつ）
穀物：種子を食用とする農作物で、多くは人間の主食とされるもの。米、麦、とうもろこしなど。**出例** 穀倉

宇宙 （うちゅう）
宇宙：すべての天体を含む空間。存在する事物のすべて。全世界。

朝刊 （ちょうかん）
朝刊：毎日発行する新聞で、朝に発行される物。

預かる （あずかる）
預かる：人からあることを引き受けて保管・世話をする。
出例 預ける／預金

幹 （みき）
幹：樹木の、地上から生えている太い部分。

険しい （けわしい）
険しい：傾斜が急で進むのが困難である。この先の困難が予想されるさま。

見限る （みかぎる）
見限る：見切りをつける。見込みがないと判断し、あきらめる。

次の＿＿線の**カタカナ**を**漢字**に直せ。

☐ **01** 日本の**ボウエキ**額の推移を調べる。

☐ **02** すべての**ザイサン**を失った。

☐ **03** **シュクテキ**との対戦が待ち遠しい。

☐ **04** 宣伝用のチラシを**インサツ**する。

☐ **05** 物語の**ロウドク**を聞く。

☐ **06** その考えは**ニンシキ**不足だ。

☐ **07** 仕事上の失敗を**セ**める。

☐ **08** 文化祭の劇で主役を**ツト**める。

☐ **09** 有名な寺院を**オトズ**れる。

☐ **10** 美しい**ハナゾノ**を散策する。

解答	解説

読 み

同音・同訓異字

漢字識別

熟語の構成

部 首

対義語・類義語

漢字と送りがな

四字熟語

誤字訂正

書き取り

貿易 （ぼうえき）
貿易：国際間で商品の取り引きをすること。交易。

財産 （ざいさん）
財産：個人または団体の所有する土地や建物、金銭、有価証券などの総称。

宿敵 （しゅくてき）
宿敵：長年にわたる競争相手。
出例 強敵／敵対

印刷 （いんさつ）
印刷：文字や図形を多くの紙などにすりうつすこと。複製物を作る手段。

朗読 （ろうどく）
朗読：声に出してよみ上げること。とくに詩や文章などを感情を込めてよみ上げること。出例 明朗 ✕郎読

認識 （にんしき）
認識：物事を見極め理解すること。またその内容。
出例 確認

責める （せめる）
責める：相手の過失などを非難する。苦しめる。
出例 責務

務める （つとめる）
務める：ある役割やつとめにあたる。
出例 急務

訪れる （おとずれる）
訪れる：ある人の家や場所へ出かける。ある季節が来る。
出例 訪問

花園 （はなぞの）
花園：花の咲く草木をたくさん栽培した庭。
豆 「園」は9級配当漢字だが、「その」は中学校で学習する読み

次の＿＿線の**カタカナ**を**漢字**に直せ。

☑ **01** 展望台からの<u>ケイカン</u>は素晴らしい。

☑ **02** お菓子を<u>キントウ</u>に分ける。

☑ **03** 社会での<u>キョウソウ</u>力を養う。

☑ **04** 広大な<u>サキュウ</u>を必死に歩いた。

☑ **05** 出会ってから五年の<u>サイゲツ</u>が流れた。

☑ **06** 資料を自分なりに<u>カイシャク</u>して発表する。

☑ **07** 親友の努力に<u>ムク</u>いる。

☑ **08** 遠くに険しい山々が<u>ツラ</u>なる。

☑ **09** それぞれに<u>コト</u>なる考え方がある。

☑ **10** 少しの水を口に<u>フク</u>む。

合格点
7/10

1回目　　月　　日　/**10**

2回目　　月　　日　/**10**

解 答	解 説
景観 けいかん	景観：すばらしい風景や景色のこと。
均等 きんとう	均等：二つ以上のものが平等で、差がない こと。
競争 きょうそう	競争：優劣や勝ち負けを他者と比べ合うこ と。
砂丘 さきゅう	砂丘：風によって運ばれた砂が積み重なっ てできた丘上の地形。
歳月 さいげつ	歳月：としつき。ある一定の日数。
解釈 かいしゃく	解釈：言葉の意味などを考えて明らかにす ること。 出例　釈放
報いる むく	報いる：受けたことに対して、ふさわしい 行為を相手にする。
連なる つら	連なる：多くのものが並んで続いている。 出例　連動
異なる こと	異なる：同じではない。二つの物に差がある。 出例　異動／異様
含む ふく	含む：口の中に入れたままの状態にある。 範囲内にその要素が入っている。 出例　含める

読み

同音・同訓異字

漢字識別

熟語の構成

部首

対義語・類義語

漢字と送りがな

四字熟語

誤字訂正

書き取り

次の＿＿線の**カタカナ**を**漢字**に直せ。

☐ **01** 警察官が市内の区域を<u>ジュンカイ</u>する。

☐ **02** 調査結果の<u>ショウサイ</u>を報告する。

☐ **03** 世界各地で人権<u>シンガイ</u>が問題視されている。

☐ **04** 中国から著名な<u>ソウ</u>が来日した。

☐ **05** 時代ごとの<u>フウゾク</u>を研究する。

☐ **06** <u>タイネツ</u>性に優れた食器を使用する。

☐ **07** 心を<u>オニ</u>にして説教する。

☐ **08** 納得できずに怒り<u>クル</u>う。

☐ **09** 人との間を<u>セバ</u>めて行列に並ぶ。

☐ **10** 皆で協力して学級新聞を<u>ス</u>る。

解答	解説

読み / 同音・同訓異字 / 漢字識別 / 熟語の構成 / 部首 / 対義語・類義語 / 漢字と送りがな / 四字熟語 / 誤字訂正 / 書き取り

巡回（じゅんかい）

巡回：ある目的のために各地を移動すること。次々と見てまわること。
出例 巡る

詳細（しょうさい）

詳細：くわしい事情。細部にわたってくわしいこと。
出例 不詳／詳しい

侵害（しんがい）

侵害：他者の権利などをおかして損なうこと。
出例 侵入

僧（そう）

僧：仏道の修行をする人。そうりょ。

風俗（ふうぞく）

風俗：その時代の風習やしきたり。

耐熱（たいねつ）

耐熱：ねつに強く、高ねつでも変質しないこと。

鬼（おに）

鬼：人間と同じ形で、角ときばを持つ、想像上の怪物。

狂う（くるう）

狂う：精神に異常をきたし、正常な判断ができなくなる。
出例 熱狂

狭めて（せばめて）

狭める：間隔を詰める。幅をせまくする。
出例 狭い

刷る（する）

刷る：版木などにインクや絵の具などをつけ、紙を当てて文字や絵を写し取る。

書き取り⑨

次の___線の**カタカナ**を**漢字**に直せ。

☑ **01** 父は酒のつまみに**チンミ**を取り寄せた。

☑ **02** 今日の**ハンエイ**は先人の努力のたまものだ。

☑ **03** つれた魚は**イッピキ**だけだった。

☑ **04** 姉は少しのことで**ビンカン**に反応する。

☑ **05** 友人は英語が話せることを**ジマン**する。

☑ **06** 今回の件で父は**イチヤク**有名になった。

☑ **07** 肉をくしに**サ**して焼いた。

☑ **08** 庭の池でカメを**カ**う。

☑ **09** 母は知人と**シバイ**を見に出かけた。

☑ **10** どうぞ**メ**しあがって下さい。

解 答 　　　　　解 説

読 み

同音・同訓異字

漢字識別

熟語の構成

部 首

対義語・類義語

漢字と送りがな

四字熟語

誤字訂正

書き取り

珍味 (ちん み)

珍味：めずらしい味の食品。めずらしい食材や希少な食材。また、その食材を使った食品。 出例 珍しい (めずら)

繁栄 (はん えい)

繁栄：豊かにさかえて発展すること。

一匹 (いっ ぴき)

一匹：魚や虫などの単位で一つのこと。 出例 匹敵 (ひってき)

敏感 (びん かん)

敏感：感覚が鋭いこと。

自慢 (じ まん)

自慢：自分自身のことをほめて得意になること。

一躍 (いち やく)

一躍：途中の段階を飛び越えて進むこと。一気に評価が上がること。 出例 活躍 (かつやく)

刺して (さ)

刺す：とがったものを中に入れる。 出例 刺さる (さ)／風刺 (ふうし)／名刺 (めいし)

飼う (か)

飼う：食べ物を与えたり世話をしたりして、動物を養うこと。

芝居 (しば い)

芝居：舞台などで行う興行。役者などが演技をすること。 出例 芝 (しば)

召し (め)

召す：飲んだり食べたりすることの尊敬語。

次の___線の**カタカナ**を**漢字**に直せ。

☑ **01** <u>キュウヨ</u>明細を確認する。

☑ **02** 二人の<u>ユウレツ</u>をつけるのは難しい。

☑ **03** 景気は<u>イゼン</u>としてよくない。

☑ **04** 過去の<u>イジン</u>の伝記を読む。

☑ **05** 迷惑をかける<u>コウイ</u>をしてはいけない。

☑ **06** <u>ヨウガシ</u>店で二種類のケーキを買った。

☑ **07** 森の中に不気味な<u>ヌマ</u>がある。

☑ **08** 休日に<u>タタミ</u>の張り替えを行う。

☑ **09** 幼い子をベッドに<u>ネ</u>かす。

☑ **10** 熱い飲み物をさますために息を<u>フ</u>く。

解答	解説
きゅう よ **給与**	給与：会社からもらう仕事に対する報しゅうや手当。 出例 与党／与える
ゆうれつ **優劣**	優劣：すぐれていることと、おとっていること。 出例 劣化／劣る
い ぜん **依然**	依然：前とは変わっていないままであること。 出例 依頼
い じん **偉人**	偉人：歴史的な業績を上げるなど、多くの人に尊敬されている人。 出例 偉大／偉い
こう い **行為**	行為：その人の意思に基づくおこない。 出例 人為
よう が し **洋菓子**	洋菓子：西洋のおかしのこと。 出例 和菓子
ぬま **沼**	沼：湖より浅く小さい水域。
たたみ **畳**	畳：ワラとイグサなどで作る和室の床材の一つ。 出例 畳む／石畳
ね **寝かす**	寝かす：眠りにつかせる。体を横にさせる。 出例 寝る／昼寝／就寝／寝坊
ふ **吹く**	吹く：すぼめた口から息を強く出す。風が起こる。水や蒸気などが勢いよく出る。 出例 吹奏

次の＿＿線の**カタカナ**を**漢字**に直せ。

□ **01** 他人と自分を<u>ヒカク</u>する。

□ **02** 祖父の家にある書画の<u>カンテイ</u>を依頼する。

□ **03** 前方の車との<u>キョリ</u>をとる。

□ **04** クラブ活動の部長を<u>ケンニン</u>する。

□ **05** ランニングで心臓の<u>コドウ</u>が激しくなる。

□ **06** このシステムは自動的に<u>セイギョ</u>されている。

□ **07** 耳を<u>ス</u>まして虫の音を聞く。

□ **08** <u>ムナサワ</u>ぎがして落ち着かない。

□ **09** 入学祝いの<u>オク</u>り物を選ぶ。

□ **10** 最近の大雨で川の水が<u>ニゴ</u>る。

解 答	解 説
比較 <small>ひ かく</small>	比較：二つ以上の物をくらべ合わせること。 <small>ひ かく</small>
鑑定 <small>かん てい</small>	鑑定：骨とうなどの良否や評価をすること。 <small>かん てい</small> **出例** 図鑑 <small>ず かん</small>
距離 <small>きょ り</small>	距離：二つの間の隔たりのこと。 <small>きょ り　　　　へだ</small>
兼任 <small>けん にん</small>	兼任：仕事で二つ以上の職務をかねること。 <small>けん にん</small> **出例** 兼用／兼ねる <small>けんよう　　か</small>
鼓動 <small>こ どう</small>	鼓動：心臓が規則的に収縮・拡大すること。 <small>こ どう</small> また、その音のこと。 **出例** 太鼓 <small>たい こ</small>
制御 <small>せい ぎょ</small>	制御：自分の思いどおりに動かすこと。 <small>せい ぎょ</small> **出例** 防御 <small>ぼう ぎょ</small>
澄まして <small>す</small>	澄ます：不純物などを除いてきれいにする。 <small>す</small> **出例** 澄む <small>す</small>
胸騒ぎ <small>むなさわ</small>	胸騒ぎ：いやな予感などがして心がざわつ <small>むなさわ</small> くこと。 **出例** 騒ぎ／騒ぐ／騒音／騒動 <small>さわ　　さわ　　そうおん　そうどう</small>
贈り <small>おく</small>	贈る：感謝やお祝いなどのときに、物品や <small>おく</small> 言葉を相手に届けること。
濁る <small>にご</small>	濁る：不純物が混じって透明ではなくなる。 <small>にご</small> **出例** 濁す <small>にご</small>

次の___線の**カタカナ**を**漢字**に直せ。

☑ **01** 校則の変更について**コウギ**の声を上げる。

☑ **02** 学校では**ジュウドウ**部に所属している。

☑ **03** 学校の友達を家族に**ショウカイ**する。

☑ **04** ビジネスでは新規市場の**カイタク**が重要だ。

☑ **05** 朝起きてコップ**イッパイ**の水を飲む。

☑ **06** トラックに引っ越しの荷物を**ウンパン**する。

☑ **07** **アワ**い恋心を抱いた。

☑ **08** 人のアイディアを**ヌス**んで発表した。

☑ **09** 将来の夢を**エガ**く。

☑ **10** 重い荷物を**カカ**えるように持つ。

解 答 / 解 説

抗議（こうぎ）
抗議：ある決定事項について、反対の意見を主張すること。
出例 対抗

柔道（じゅうどう）
柔道：日本古来の柔術から生まれた武道。互いに組み合い、投げる、抑えるなどの技を用いて勝敗を争う。

紹介（しょうかい）
紹介：知らない人同士を引き合わせること。

開拓（かいたく）
開拓：新しい分野を切りひらくこと。山林などを切りひらいて、人が住めるようにすること。

一杯（いっぱい）
一杯：一つの器に入る分量。一つの器にあふれるくらいに満ちているさま。
出例 満杯

運搬（うんぱん）
運搬：物品を車などではこぶこと。
出例 搬入

淡い（あわい）
淡い：ほのかである。関心が薄い。色や味、香りなどが薄く、あっさりしている。

盗んで（ぬすむ）
盗む：他人のものを取って自分のものにする。無断でまねる。ごまかす。わずかの時間を見つけて何かをする。出例 盗難

描く（えがく）
描く：姿やイメージを思い浮かべる。物の姿や形を絵で表す。物事のありさまを文章や音楽などで表現する。出例 描写

抱える（かかえる）
抱える：腕で囲うようにして胸にだいたり、わきにはさんだりして持つ。自分の負担になるものをもつ。召しかかえる。出例 抱く／抱負

317

制限時間 **60** 分

合格点 **140** 点

得点

／**200**

解答はP.359
[巻末9]

（一）次の——線の**漢字の読み**をひらがな
で記せ。

／30

1 × 30

1 よく考えて慎重に答える。（　）

2 軽薄な口調で話す。（　）

3 県内屈指のバレーボールの名門だ。（　）

4 猛烈なスピードで走る。（　）

5 沿道からの声援にこたえる。（　）

6 プロの料理人に匹敵する腕前だ。（　）

7 会議の冒頭にあいさつを述べる。（　）

8 試験の出題傾向を調べる。（　）

9 亡き祖母の柔和な顔を思い出す。（　）

10 池の水面に花が落ちて波紋ができる。（　）

11 音楽をきいて優雅なひとときを過ごす。（　）

12 夜の九時には門が閉鎖される。（　）

13 悲惨な光景が目にやきついている。（　）

14 あやしげな男を尋問する。（　）

15 不調のためチームを離脱する。（　）

16 映画に感動し感涙にむせぶ。（　）

17 被害者の心情を吐露する。（　）

[巻末 1]

367

18 工場の高い煙突が立ち並んでいる。（　　）

19 夜の森は静寂に支配されていた。（　　）

20 事故により電車が遅延する。（　　）

21 ボールが弾んで転がる。（　　）

22 鋭い観察眼をもっている。（　　）

23 畑の芋を掘る。（　　）

24 いちごを煮てジャムをつくる。（　　）

25 淡い水色のワンピースを着る。（　　）

26 もう黙ってはいられない。（　　）

27 新緑が目に鮮やかだ。（　　）

28 子どもたちに読書を勧める。（　　）

29 店の軒先で雨宿りをする。（　　）

30 浅はかな行動を戒める。（　　）

(二) 次の——線の**カタカナ**にあてはまる漢字をそれぞれの**ア〜オ**から**一つ**選び、**記号**を記せ。

/30

2×15

1 不動産を**カン**定する。

2 **カン**美な夢の中にいた。

3 木材を**カン**燥させる。
（ア甘　イ鑑　ウ干　エ乾　オ監）

4 彼の発言が不安に**ハク**車をかける。

5 船が沖に停**ハク**している。

6 **ハク**真の演技にだまされてしまった。
（ア拍　イ白　ウ博　エ泊　オ迫）

7 経イを詳しく説明する。
（ア 維 イ 依 ウ 緯 エ 偉 オ 為）〔 〕

8 行きすぎた行イだったと反省する。
〔 〕

9 入学式のスピーチをイ頼された。
〔 〕

10 家族に友人をショウ介する。
（ア 称 イ 床 ウ 紹 エ 招 オ 章）〔 〕

11 病ショウの友から手紙が届く。
〔 〕

12 美しい姿がショウ賛の的になる。
〔 〕

13 カれ木も山のにぎわい。
（ア 刈 イ 兼 ウ 枯 エ 狩 オ 駆）〔 〕

14 シカの群れがカけていく。
〔 〕

15 髪の毛を短くカり込む。
〔 〕

（三） 1～5の三つの□に**共通する漢字**を入れて熟語を作れ。漢字は**ア～コ**から**一つ**選び、**記号**を記せ。

```
       /10
      2×5
```

1 相□・□角・□選〔 〕

2 □念・□務・□固〔 〕

3 □動・□乱・□物〔 〕

4 □心・高□・□性〔 〕

5 □限・□秘・□彩色〔 〕

ア 震	イ 慢	ウ 狂	エ 執	オ 極
カ 互	キ 覧	ク 体	ケ 騒	コ 神

［巻末３］　365

(四) 熟語の構成のしかたには次のようなものがある。

- ア 同じような意味の漢字を重ねたもの （河川）
- イ 反対または対応の意味を表す字を重ねたもの （高低）
- ウ 上の字が下の字を修飾しているもの （洋画）
- エ 下の字が上の字の目的語・補語になっているもの （加熱）
- オ 上の字が下の字の意味を打ち消しているもの （非情）

次の熟語は右のア〜オのどれにあたるか、**一つ選び、記号**を記せ。

1 賞罰 （ 　 ）
2 握力 （ 　 ）
3 越境 （ 　 ）
4 獲得 （ 　 ）
5 首尾 （ 　 ）

6 抜群 （ 　 ）
7 未婚 （ 　 ）
8 避暑 （ 　 ）
9 運搬 （ 　 ）
10 即答 （ 　 ）

/20
2 × 10

(五) 次の漢字の**部首**をア〜エから**一つ選び、記号**を記せ。

1 戯 （ア 虍　イ 戈　ウ 广　エ ノ）
2 壱 （ア 士　イ 一　ウ ノ　エ ヒ）
3 殿 （ア 尸　イ ハ　ウ 又　エ 殳）
4 釈 （ア 米　イ 釆　ウ 木　エ 尸）
5 惑 （ア 戈　イ 弋　ウ 口　エ 心）
6 翼 （ア 羽　イ 田　ウ ン　エ ハ）
7 奥 （ア 丿　イ 田　ウ 大　エ 米）
8 丘 （ア 丿　イ 一　ウ 一　エ ロ）
9 蓄 （ア 艹　イ 亠　ウ 幺　エ 田）
10 豪 （ア 亠　イ 口　ウ 冖　エ 豕）

/10
1 × 10

（六）

下の□□の中のひらがなを漢字に直して□に入れ、**対義語・類義語**を作れ。□内のひらがなは一度だけ使い、（　）内に**一字**記入せよ。

／20

2×10

対義語

1 容易　——　困□（　　）

2 納入　——　徴□（　　）

3 攻撃　——　□御（　　）

4 落第　——　□第（　　）

5 専業　——　□業（　　）

類義語

6 理由　——　□拠（　　）

7 恒久　——　□遠（　　）

8 前途　——　□来（　　）

9 回想　——　追□（　　）

10 皮肉　——　風□（　　）

えい　おく　きゅう　けん　こん
し　しゅう　しょう　なん　ぼう

[巻末5]　363

(七)

次の──線の**カタカナ**を漢字一字と送りがな(ひらがな)に直せ。

〈例〉　表情がアカルイ。　(明るい)

1　地震で家が**ハゲシク**ゆれた。（　）

2　**アヤウク**寝過ごすところだった。（　）

3　今年も厳しい冬の季節が**オトズレル**。（　）

4　**カガヤカシイ**業績が評価された。（　）

5　急に問いかけられて返事に**ツマル**。（　）

/10

2×5

(八)

文中の四字熟語の──線の**カタカナ**を漢字に直して一字記入せよ。

1　**適ザイ**適所で作業を分担する。（　）

2　**意気トウ**合した仲間と語り合う。（　）

3　**理口**整然と話しなさい。（　）

4　好成績に思わず**自画自サン**する。（　）

5　**空前ゼツ**後の大災害が発生する。（　）

6　疲れのために**注意サン漫**になる。（　）

7　彼の**不ゲン実行**の姿勢は頼もしい。（　）

8　**美辞レイ句**は聞きあきた。（　）

9　自国選手の活躍に**キョウ喜乱舞**する。（　）

10　健康を害するような減量は**本末転トウ**だ。（　）

/20

2×10

（九）次の各文にまちがって使われている**同じ読みの漢字が一字ある。**上に**誤字**を、下に**正しい漢字を記せ。**

／10
2×5

1 おいしいと評判のお菓子に問い合わせや注文が刷到し、入荷待ちの状態になっている。（　・　）

2 有名人同士の結婚式が行われたが、混乱を避けるために厳しい取材制が敷かれた。（　・　）

3 祖父は高血圧と白内障をわずらっており、毎日数種類の薬を復用している。（　・　）

4 明日の入試に供えて今日は早めに就寝し、体と頭を万全の状態にして試験に臨みたい。（　・　）

5 各地の自治体では駅前などの放置自転車の問題に頭を痛め、対作に追われている。（　・　）

（十）次の──線の**カタカナを漢字に直せ。**

／40
2×20

1 市民の健康づくりを**スイシン**する。（　）

2 日本の未来を**ヨソク**する。（　）

3 **フクザツ**な問題をすばやく解決する。（　）

4 長くなるので説明は**ショウリャク**する。（　）

5 文化祭の出し物は**エンゲキ**に決まった。（　）

6 世界の都市の年間雨量の**トウケイ**をとる。（　）

7 畑のそばに**ヒガン**花が咲いている。（　　）

8 常に周囲への**ハイリョ**を忘れない。（　　）

9 ミミズは**シユウ**同体である。（　　）

10 自らの業績を**コジ**する。（　　）

11 **イ**るような視線を感じる。（　　）

12 財布が見つからず、かばんを**サグ**る。（　　）

13 **アヤマ**って済む問題ではない。（　　）

14 **ユクエ**不明の登山者が見つかった。（　　）

15 秋になると虫たちが**サカ**んに鳴く。（　　）

16 弟はまだ一歳の**チノ**み子だ。（　　）

17 勉強に明け**ク**れる毎日だ。（　　）

18 **スミ**やかに避難する必要がある。（　　）

19 **ワラベ**歌を歌いながら歩く。（　　）

20 薬を飲むと痛みは多少**ヤワ**らいだ。（　　）

（一）読み

1 しんちょう
2 けいはく
3 くっし
4 もうれつ
5 せいえん
6 ひってき
7 ぼうとう
8 けいこう
9 にゅうわ
10 はもん
11 ゆうが
12 へいさ
13 ひさん
14 じんもん
15 りだつ
16 かんるい
17 とろ
18 えんとつ
19 せいじゃく
20 ちえん
21 はず
22 するど
23 いも
24 に
25 あわ
26 だま
27 あざ
28 すす
29 のきさき
30 いまし

⇨1問1点

（二）同音・同訓異字

1 イ
2 ウ
3 エ
4 ア
5 エ
6 オ
7 ウ
8 オ
9 イ
10 ウ
11 イ
12 ア
13 ウ
14 オ
15 ア

⇨1問2点

（三）漢字識別

1 カ
2 エ
3 ケ
4 イ
5 オ

⇨1問2点

（四）熟語の構成

1 イ
2 ウ
3 エ
4 ア
5 イ
6 エ
7 オ
8 エ
9 ア
10 ウ

⇨1問2点

（五）部首

1 イ
2 ア
3 エ
4 イ
5 エ
6 ア
7 ウ
8 ウ
9 ア
10 エ

⇨1問1点

（六）対義語・類義語

1 難
2 収
3 防
4 及
5 兼
6 根
7 永
8 将
9 憶
10 刺

⇨1問2点

（七）漢字と送りがな

1 激しく
2 危うく
3 訪れる
4 輝かしい
5 詰まる

⇨1問2点

（八）四字熟語

1 材
2 投
3 路
4 賛
5 絶
6 散
7 言
8 麗
9 狂
10 倒

⇨1問2点

（九）誤字訂正

1 刷・殺
2 期・規
3 復・服
4 供・備
5 作・策

⇨1問2点

（十）書き取り

1 推進
2 予測
3 複雑
4 省略
5 演劇
6 統計
7 彼岸
8 配慮
9 雌雄
10 誇示
11 射
12 探
13 謝
14 行方
15 盛
16 乳飲
17 暮
18 速
19 童
20 和

⇨1問2点

模擬試験（巻末1〜8）解答

4級配当漢字表

4級の試験で最も重要となる4級配当漢字の一覧です。しっかりと覚えておきましょう。用例は、過去に出題されたものや、出題される可能性が高いものを集めました。

313字

表の見方

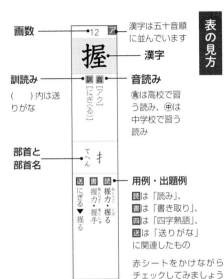

画数 ─ 12 ア ─ 漢字は五十音順に並んでいます

漢字 ─ 握

訓読み ─ 訓 音 ─ **音読み**
( )内は送りがな [にぎ(る)] [アク]
高は高校で習う読み、中は中学校で習う読み

部首と部首名 ─ 扌 てへん

用例・出題例
送 にぎる ▼ 握る
書 握力・握手
読 握力・握る

読は「読み」、書は「書き取り」、四は「四字熟語」、送は「送りがな」に関連したもの

赤シートをかけながらチェックしてみましょう

9	8 イ	6	12 ア
威	依	扱	握
音 [イ]	音 [イ] [エ]高	訓 [あつか(う)]	訓 [にぎ(る)] 音 [アク]
女 おんな	イ にんべん	扌 てへん	扌 てへん
四 威風堂堂 威力・権威 書 威勢 読 猛威・威儀・威圧・威厳・	四 旧態依然・依願退職 書 依頼 読 依然	送 あつかう ▼ 扱う 書 取り扱い	送 にぎる ▼ 握る 書 握力・握手 読 握力・握る

7	16	14	13	12	9
壱	緯	維	違	偉	為
音[イチ]	音[イ]	音[イ]	訓[ちが(う)][ちが(える)] 音[イ]	訓[えら(い)] 音[イ]	音[イ]
士 さむらい	糸 いとへん	糸 いとへん	辶 しんにょう しんにゅう	イ にんべん	灬 れんが れっか
読 壱万円 いちまんえん	読 経緯・緯度 けいい　いど 書 南緯・北緯 なんい　ほくい	書 維持 いじ 四 現状維持 げんじょういじ	書 違法・筋違い いほう　すじちが 読 相違・違約・違反・違い そうい　いやく　いはん　ちが	送 えらい▼偉い 書 偉大 いだい 読 偉容・偉業・偉人 いよう　いぎょう　いじん	読 作為・人為的・為替 さくい　じんいてき　かわせ 書 行為 こうい 四 有為転変・越権 ういてんぺん　えっけん 行為・侵略行為・無為無策 こうい　しんりゃくこうい　むいむさく

12	15	15 　エ	14	11	6
越	鋭	影	隠	陰	芋
訓[エツ][こ(す)][こ(える)] 音	訓[エイ][するど(い)] 音	訓[かげ] 音[エイ]	訓[イン][かく(す)][かく(れる)] 音	訓[イン][かげ][かげ(る)] 音	訓[いも]
走 そうにょう	金 かねへん	彡 さんづくり	阝 こざとへん	阝 こざとへん	艹 くさかんむり
四 越権行為 えっけんこうい 書 越す こ 読 優越・越冬・越境 ゆうえつ　えっとう　えっきょう	送 するどい▼鋭い 書 鋭利・鋭角・鋭敏 えいり　えいかく　えいびん 読 精鋭・鋭角・鋭敏 せいえい　えいかく　えいびん 四 新進気鋭 しんしんきえい	読 投影 とうえい 書 影響・人影・影絵 えいきょう　ひとかげ　かげえ	送 かくれる▼隠れる 読 隠居・隠然 いんきょ　いんぜん	書 陰口・日陰 かげぐち　ひかげ 読 陰る・物陰・木陰・陰になる かげ　ものかげ　こかげ　かげ	書 芋・里芋 いも　さといも

6 オ	15	13	13	12
汚	縁	鉛	煙	援
音[オ] 訓[よご(す)][よご(れる)][きたな(い)][けが(す)高][けが(れる)高][けが(らわしい)高]	音[エン] 訓[ふち]	音[エン] 訓[なまり]	音[エン] 訓[けむ(る)][けむり][けむ(い)]	音[エン]
さんずい シ	いとへん 糸	かねへん 金	ひへん 火	てへん 扌
読 汚濁・汚水・汚名 書 汚点・汚職 四 汚名返上 送 きたない▼汚い・よごれる▼ 汚れる	読 縁起・機縁・縁故・縁側 書 縁日・無縁・縁	読 鉛直 書 鉛・鉛色	読 煙害・禁煙・煙 書 煙突・煙たい・土煙・湯煙	読 援助・救援・後援・援軍 書 声援・応援・支援・援護 四 支援団体

14	13	11 カ	16	12	8
箇	暇	菓	憶	奥	押
音[カ]	音[カ] 訓[ひま]	音[カ]	音[オク]	音[オウ] 訓[おく]	音[オウ高] 訓[お(す)高][お(さえる)]
たけかんむり ⺮	ひへん 日	くさかんむり ⺾	りっしんべん 忄	だい 大	てへん 扌
読 箇所 書 箇条	読 寸暇・余暇 書 休暇・暇	読 製菓 書 和菓子・綿菓子	読 憶測・記憶 書 追憶	書 奥歯・山奥・奥底・奥	読 押印 書 押す

較	壊	皆	戒	介	雅
音[カク]	訓[こわ(す)][こわ(れる)]　音[カイ]	訓[みな]　音[カイ]	訓[いまし(める)]　音[カイ]	音[カイ]	音[ガ]
車 くるまへん	土 つちへん	白 しろ	戈 ほこづくり／ほこがまえ	人 ひとやね	隹 ふるとり
書 比較(ひかく)	送 こわす▼壊す　四 環境破壊(かんきょうはかい)　読 破壊(はかい)・倒壊(とうかい)・壊れる(こわれる)	読 皆目(かいもく)　書 皆無(かいむ)・皆(みな)	書 警戒(けいかい)・戒める(いましめる)　四 一罰百戒(いちばつひゃっかい)	読 介抱(かいほう)　書 介護(かいご)・介入(かいにゅう)・紹介(しょうかい)　四 介護保険(かいごほけん)	読 優雅(ゆうが)・風雅(ふうが)・雅楽(ががく)・雅趣(がしゅ)

勧	乾	汗	甘	刈	獲
音[カン]　訓[すす(める)]	音[カン]　訓[かわ(く)][かわ(かす)]	音[カン]　訓[あせ]	訓[あま(い)][あま(える)][あま(やかす)]　音[カン]	訓[か(る)]	音[カク]　訓[え(る)]
力 ちから	乙 おつ	氵 さんずい	甘 あまい	刂 りっとう	犭 けものへん
読 勧誘(かんゆう)・勧告(かんこく)・勧める(すすめる)	読 乾物(かんぶつ)・乾く(かわく)　書 乾杯(かんぱい)・乾電池(かんでんち)　四 無味乾燥(むみかんそう)　送 かわかす▼乾かす	書 発汗(はっかん)・脂汗(あぶらあせ)・寝汗(ねあせ)	読 甘言(かんげん)・甘受(かんじゅ)・甘露煮(かんろに)・甘味(かんみ)　書 甘口(あまくち)・甘い(あまい)・甘党(かんとう)　送 あまんじる▼甘んじる	書 稲刈り(いねかり)・刈る(かる)	読 捕獲(ほかく)・漁獲(ぎょかく)・獲物(えもの)　書 獲得(かくとく)

8 キ	7	23	17	15	15
奇	**含**	**鑑**	**環**	**監**	**歓**
音[キ]	訓 音[ガン] [ふく(む)] [ふく(める)]	訓 音[カン] [かんが(みる)]高	音[カン]	音[カン]	音[カン]
大 だい	口 くち	金 かねへん	王 おうへん たまへん	皿 さら	欠 あくび かける
書 奇抜・奇跡・好奇心 読 奇異・奇襲・奇妙 四 奇想天外・妙計奇策	読 含蓄・含有・含みを持た 送 ふくむ ▼含む せる	読 鑑定・印鑑 書 図鑑	読 環視 書 環境 四 衆人環視・環境保全・環 境破壊・環境保護	読 監視 書 監禁 監修	書 歓迎 読 歓待・歓呼・歓談・歓を尽 くす

15	15	15	12	10	8
戯	**儀**	**輝**	**幾**	**鬼**	**祈**
訓 音[ギ] [たわむ(れる)]高	音[ギ]	訓 音[キ] [かがや(く)]	音[キ] 訓[いく]	音[キ] 訓[おに]	訓 音[キ] [いの(る)]
戈 ほこづくり ほこがまえ	イ にんべん	車 くるま	幺 いとがしら	鬼 おに	ネ しめすへん
読 戯曲・遊戯 送 たわむれる ▼戯れる	書 威儀・流儀 読 行儀・儀式	読 光輝 書 輝かしい 送 かがやく ▼輝く	読 幾何学・幾分・幾多 書 幾ら	読 鬼才 書 鬼 四 疑心暗鬼・百鬼夜行	読 祈念 書 祈願・祈る

6	5	3	11	7	13
朽	丘	及	脚	却	詰

朽 (6)
音[キュウ]　訓[く(ちる)]
きへん　木
読　老朽・不朽
送　くちる▼朽ちる

丘 (5)
音[キュウ]　訓[おか]
いち　一
読　丘
書　砂丘

及 (3)
音[キュウ]　訓[およ(ぶ)][およ(び)][およ(ぼす)]
また　又
読　波及・追及・言及
書　普及
送　およぶ▼及ぶ
四　波及効果

脚 (11)
音[キャク][キャ⑨]　訓[あし]
にくづき　月
読　健脚・脚光・脚注・脚色・失脚・馬脚
書　脚本・脚力
四　二人三脚

却 (7)
音[キャク]
わりふ・ふしづくり　卩
読　脱却
書　却下・退却・売却・冷却・返却

詰 (13)
音[キツ⑨]　訓[つ(める)][つ(まる)][つ(む)]
ごんべん　言
読　大詰め・詰問
送　つめる▼詰める

6	4	12	12	8	5
叫	凶	御	距	拠	巨

叫 (6)
音[キョウ]　訓[さけ(ぶ)]
くちへん　口
書　絶叫・叫ぶ

凶 (4)
音[キョウ]
うけばこ　凵
書　大凶・凶作

御 (12)
音[ギョ][ゴ]　訓[おん]
ぎょうにんべん　彳
読　制御・御殿
書　防御

距 (12)
音[キョ]
あしへん　𧾷
書　距離

拠 (8)
音[キョ][コ]
てへん　扌
読　証拠・準拠・論拠・占拠
書　拠点・根拠

巨 (5)
音[キョ]
たくみ　工
読　巨額・巨漢
書　巨大・巨体・巨木

22	20	10	9	8	7
驚	響	恐	狭	況	狂

22 驚
音[キョウ]
訓[おどろ〈く〉][おどろ〈かす〉]
馬 うま
読 驚嘆・驚異
書 驚天動地
送 おどろく▼驚く

20 響
音[キョウ]
訓[ひび〈く〉]
音 おと
書 音響・影響・反響
送 ひびく▼響く
読 響く

10 恐
音[キョウ]
訓[おそ〈れる〉][おそ〈ろしい〉]
心 こころ
読 恐怖・恐縮・恐れる
書 恐らく

9 狭
音[キョウ]
訓[せま〈い〉][せば〈める〉高][せば〈まる〉]
犭 けものへん
書 狭まる・手狭
読 狭める・狭い

8 況
音[キョウ]
氵 さんずい
書 実況
読 盛況・近況・不況

7 狂
音[キョウ]
訓[くる〈う〉][くる〈おしい〉]
犭 けものへん
書 熱狂的・狂う
四 狂喜乱舞

10 ケ	19	11	8	14 ク	6
恵	繰	掘	屈	駆	仰

10 ケ 恵
音[ケイ][エ]
訓[めぐ〈む〉]
心 こころ
書 知恵・恩恵・恵まれる
送 めぐみ▼恵み

19 繰
訓[く〈る〉]
糸 いとへん
読 繰り返す
書 手繰る

11 掘
音[クツ]
訓[ほ〈る〉]
扌 てへん
書 発掘・掘る
読 採掘・盗掘

8 屈
音[クツ]
尸 かばね しかばね
書 屈指・理屈・不屈
読 屈折・退屈

14 ク 駆
音[ク]
訓[か〈ける〉][か〈る〉]
馬 うまへん
書 駆除
読 駆使・先駆・駆動・駆ける

6 仰
音[ギョウ][コウ]
訓[あお〈ぐ〉][おお〈せ〉高]
亻 にんべん
読 信仰・仰天・仰視
書 仰ぐ

10 兼	8 肩	15 撃	7 迎	13 継	13 傾
音[ケン] 訓[か(ねる)]	音[ケン]高 訓[かた]	音[ゲキ] 訓[うつ]	音[ゲイ] 訓[むか(える)]	音[ケイ] 訓[つ(ぐ)]	音[ケイ] 訓[かたむ(く)][かたむ(ける)]
はち 八	にく 肉	て 手	しんにょう しんにゅう ⻌	いとへん 糸	にんべん イ

兼（10）
読 兼務・兼任　書 兼用
四 才色兼備・昼夜兼行・兼　愛無私
送 かねる▼兼ねる

肩（8）
書 肩車・肩・肩身・肩幅

撃（15）
読 砲撃・打撃・襲撃・反撃・撃退
書 一撃・目撃

迎（7）
読 迎合　書 歓迎・送迎
送 むかえる▼迎える

継（13）
読 中継・継承　書 継続・継ぐ

傾（13）
読 傾向・傾斜　書 傾斜
送 かたむく▼傾く

5 玄	13 遣	12 堅	12 圏	10 軒	10 剣
音[ゲン]	音[ケン] 訓[つか(う)][つか(わす)]	音[ケン] 訓[かた(い)]	音[ケン]	音[ケン] 訓[のき]	音[ケン] 訓[つるぎ]
げん 玄	しんにょう しんにゅう ⻌	つち 土	くにがまえ 口	くるまへん 車	りっとう リ

玄（5）
書 玄米・玄米食・玄関

遣（13）
読 遣唐使・先遣・遣わす・気遣い
書 派遣・小遣い　遣い

堅（12）
読 堅持・堅い　書 堅実
四 意志堅固

圏（12）
読 圏内・安全圏　書 圏外・大気圏

軒（10）
読 数軒・軒先　書 軒下・軒並み

剣（10）
読 剣豪　書 真剣・剣
四 真剣勝負

	7	7	4	13	13	9 コ

攻 7
音 [コウ]
訓 [せ(める)]
部首 攵 ぼくづくり のぶん
読 専攻・攻防
四 難攻不落
書 攻略
送 せめる▼攻める

抗 7
音 [コウ]
部首 扌 てへん
書 対抗・抵抗
四 不可抗力

互 4
音 [コ]
訓 [たが(い)]
部首 二 に
書 互角・交互・相互
読 互いに
送 たがい▼互い

鼓 13
音 [コ]
訓 [つづみ]高
部首 鼓 つづみ
書 太鼓
読 鼓舞・鼓動・腹鼓

誇 13
音 [コ]
訓 [ほこ(る)]
部首 言 ごんべん
書 誇る
読 誇張・誇示・誇大

枯 9
音 [コ]
訓 [か(れる)][か(らす)]
部首 木 きへん
読 枯死・枯淡・木枯らし
書 枯れる
送 からす▼枯らす

14	15	12	9	9	7

豪 14
音 [ゴウ]
部首 豕 いのこ ぶた
読 剣豪・豪勢・文豪
書 豪雨・豪快

稿 15
音 [コウ]
部首 禾 のぎへん
書 原稿
読 草稿・遺稿・投稿・寄稿

項 12
音 [コウ]
部首 頁 おおがい
書 項目
読 要項・条項

荒 9
音 [コウ]
訓 [あら(い)][あ(れる)][あ(らす)]
部首 艹 くさかんむり
読 荒天・荒波・荒い
書 荒らす
送 あれる▼荒れる

恒 9
音 [コウ]
部首 忄 りっしんべん
読 恒久・恒例・恒星

更 7
音 [コウ]
訓 [さら][ふ(ける)][ふ(かす)]高高
部首 曰 ひらび いわく
書 更衣・変更・更衣室・更
読 新・更に
四 自力更生

13	13	11	18 **サ**	11	5
載	歳	彩	鎖	婚	込
音[サイ] 訓[の(せる)] [の(る)]	音[サイ] [セイ]	音[サイ] 訓[いろど(る)]高	音[サ] 訓[くさり]	音[コン]	訓[こ(む)] [こ(める)]
くるま 車	とめる 止	さんづくり 彡	かねへん 金	おんなへん 女	しんにょう しんにゅう 辶
読 積載・満載・転載・載せる 書 記載・連載	読 歳入・お歳暮 書 歳月	読 異彩 書 水彩画・色彩・多彩	四 連鎖反応 書 閉鎖・連鎖・鎖	読 婚礼・銀婚式 書 結婚・離婚・婚約	書 見込み・心を込める
8	7	6 **シ**	11	9	10
刺	伺	旨	惨	咲	剤
音[シ] 訓[さ(す)] [さ(さる)]	音[シ]高 訓[うかが(う)]高	音[シ] 訓[むね]高	音[サン] [ザン]高 訓[みじ(め)]高	訓[さ(く)]	音[ザイ]
りっとう 刂	にんべん イ	ひ 日	りっしんべん 忄	くちへん 口	りっとう 刂
読 風刺・刺激 書 名刺・刺す 送 ささる▼刺さる	読 うかがう▼伺う 送	読 趣旨・要旨・論旨 四 論旨明快	読 悲惨・惨状・惨事 送 みじめ▼惨め	読 遅咲き 書 咲く	書 栄養剤・洗剤・薬剤

11	6	11	14	12	10
斜	芝	執	雌	紫	脂
音[シャ] 訓[なな(め)]	訓[しば]	音[シツ] [シュウ] 訓[と(る)]	音[シ] 訓[め] [めす]	音[シ] 訓[むらさき]	音[シ] 訓[あぶら]
とます 斗	くさかんむり サ	つち 土	ふるとり 隹	いと 糸	にくづき 月
書 傾斜・斜面・斜線・斜め	書 芝生・芝居・芝	書 執筆・執念・執刀・執る 読 執行	書 雌雄・雌花 読 雌	書 紫外線・紫色 四 山紫水明	書 脂肪・油脂 読 樹脂・脂汗・脂

9	6	11	11	12
狩	朱	寂	釈	煮
音[シュ] 訓[か(る)] [か(り)]	音[シュ]	音[ジャク] [セキ]高 訓[さび] [さび(しい)]高 [さび(れる)]	音[シャク]	音[シャ]高 訓[に(る)] [に(える)] [に(やす)]
けものへん 犭	き 木	うかんむり 宀	のごめへん 釆	れんが れっか 灬
書 狩る 読 狩猟	書 朱色 読 朱肉・朱	送 さびしい▼寂しい 読 静寂	書 解釈 読 釈明・釈放・釈然	書 煮物・煮る 読 甘露煮・煮豆

9	22	7	6	14	15
柔	**襲**	**秀**	**舟**	**需**	**趣**

柔（9）
音［ジュウ・ニュウ］　訓［やわ(らか)・やわ(らかい)］
部首：木（き）
読　柔和（じゅうわ）
書　柔道（じゅうどう）
四　優柔不断（ゆうじゅうふだん）

襲（22）
音［シュウ］　訓［おそ(う)］
部首：衣（ころも）
読　踏襲（とうしゅう）・襲名（しゅうめい）・奇襲（きしゅう）・襲撃（しゅうげき）・逆襲（ぎゃくしゅう）・世襲（せしゅう）・襲う（おそう）
書　襲来（しゅうらい）

秀（7）
音［シュウ］　訓［ひい(でる)］高
部首：禾（のぎ）
読　秀麗（しゅうれい）・秀歌（しゅうか）
書　優秀（ゆうしゅう）・秀才（しゅうさい）・秀作（しゅうさく）

舟（6）
音［シュウ］　訓［ふね・ふな］
部首：舟（ふね）
読　舟（ふね）・舟運（しゅううん）・舟遊び（ふなあそび）

需（14）
音［ジュ］
部首：雨（あめかんむり）
読　内需（ないじゅ）
書　必需品（ひつじゅひん）・需要（じゅよう）
四　需要供給（じゅようきょうきゅう）

趣（15）
音［シュ］　訓［おもむき］
部首：走（そうにょう）
読　趣旨（しゅし）・趣向（しゅこう）・雅趣（がしゅ）・趣意（しゅい）
書　趣味（しゅみ）・趣（おもむき）

5	9	6	6	18	16
召	**盾**	**巡**	**旬**	**瞬**	**獣**

召（5）
音［ショウ］　訓［め(す)］
部首：口（くち）
読　召集（しょうしゅう）
書　召し使い（めしつかい）

盾（9）
音［ジュン］　訓［たて］
部首：目（め）
書　矛盾（むじゅん）・盾（たて）
四　自己矛盾（じこむじゅん）

巡（6）
音［ジュン］　訓［めぐ(る)］
部首：巛（かわ）
読　巡業（じゅんぎょう）・巡視（じゅんし）・お巡りさん（おまわりさん）
書　巡回（じゅんかい）
送　めぐる▼巡る

旬（6）
音［シュン・ジュン］
部首：日（ひ）
読　中旬（ちゅうじゅん）・旬刊（じゅんかん）・旬の野菜（しゅんのやさい）
書　上旬（じょうじゅん）

瞬（18）
音［シュン］　訓［またた(く)］高
部首：目（めへん）
読　瞬時（しゅんじ）
書　一瞬（いっしゅん）・瞬間（しゅんかん）

獣（16）
音［ジュウ］　訓［けもの］
部首：犬（いぬ）
読　猛獣（もうじゅう）・珍獣（ちんじゅう）
書　獣医（じゅうい）
四　人面獣心（じんめんじゅうしん）

3	13	11	10	8	7
丈	詳	紹	称	沼	床

床 (7)
音[ショウ] 訓[とこ][ゆか]
まだれ 广
読 病床
書 起床・床
四 同床異夢

沼 (8)
音[ショウ]高 訓[ぬま]
さんずい シ
読 湖沼
書 沼

称 (10)
音[ショウ]
のぎへん 禾
読 称賛・称される
書 通称・愛称・自称

紹 (11)
音[ショウ]
いとへん 糸
書 紹介

詳 (13)
音[ショウ] 訓[くわ(しい)]
ごんべん 言
読 詳報・不詳
書 詳細
送 くわしい▼詳しい

丈 (3)
音[ジョウ] 訓[たけ]
いち 一
読 気丈
書 丈夫・丈・背丈

10	9	13	13	12	12
振	侵	触	飾	殖	畳

振 (10)
音[シン] 訓[ふ(る)][ふ(るう)][ふ(れる)]
てへん 扌
読 振興・不振・振幅・羽振り
書 振る

侵 (9)
音[シン] 訓[おか(す)]
にんべん イ
読 侵害・侵す
書 侵入
四 侵略行為

触 (13)
音[ショク] 訓[ふ(れる)][さわ(る)]
つのへん 角
読 抵触・触発・接触・触覚
書 感触
四 一触即発
送 さわる▼触る・ふれる▼触れる

飾 (13)
音[ショク] 訓[かざ(る)]
しょくへん 食
読 装飾
書 服飾・髪飾り
四 粉飾決算
送 かざり▼飾り

殖 (12)
音[ショク] 訓[ふ(える)][ふ(やす)]
かばねへん・いちたへん・がつへん 歹
読 繁殖・殖産・増殖
書 養殖・殖やす

畳 (12)
音[ジョウ] 訓[たた(む)][たたみ]
た 田
読 半畳・畳
書 畳む・畳

尽	薪	震	慎	寝	浸

尽（6）
音［ジン］
訓［つ(くす)］［つ(きる)］［つ(かす)］
尸 かばね・しかばね
読 無尽蔵・尽力
四 一網打尽・縦横無尽
送 つきる▼尽きる

薪（16）
音［シン］
訓［たきぎ］
サ くさかんむり
読 薪炭・薪

震（15）
音［シン］
訓［ふる(う)］［ふる(える)］
雨 あめかんむり
書 地震
読 耐震・余震・震災
送 ふるえる▼震える

慎（13）
音［シン］
訓［つつし(む)］
忄 りっしんべん
書 慎重
読 慎む

寝（13）
音［シン］
訓［ね(る)］［ね(かす)］
宀 うかんむり
読 寝食・寝息・寝汗
書 寝坊・就寝
送 ねかす▼寝かす

浸（10）
音［シン］
訓［ひた(す)］［ひた(る)］
氵 さんずい
読 浸透・浸す

征	姓	是	吹	尋	陣

征（8）
音［セイ］
彳 ぎょうにんべん
読 征服・遠征

姓（8）
音［セイ］［ショウ］
女 おんなへん
読 同姓・別姓・姓
書 旧姓

是（9）**セ**
音［ゼ］
日 ひ
読 是認・是非・是正
四 是非曲直・是非善悪・色即是空

吹（7）**ス**
音［スイ］
訓［ふ(く)］
口 くちへん
書 吹奏楽・吹雪・紙吹雪
読 吹奏・吹く・霧吹き

尋（12）
音［ジン］
訓［たず(ねる)］
寸 すん
読 尋問・尋常
書 尋ねる

陣（10）
音［ジン］
阝 こざとへん
読 陣
書 陣地・円陣

13 僧	12 ソ 訴	17 鮮	10 扇	5 占	13 跡
音[ソウ]	訓[うった(える)] 音[ソ]	訓[あざ(やか)] 音[セン]	訓 音[セン]	訓[し(める)][うらな(う)] 音[セン]	訓[あと] 音[セキ]
にんべん イ	ごんべん 言	うおへん 魚	とだれ とかんむり 戸	うらない と ト	あしへん 足
書 僧(そう)	読 起訴(きそ)・提訴(ていそ) 送 うったえる▶訴える	読 鮮烈(せんれつ)・鮮明(せんめい)・生鮮(せいせん) 書 鮮魚(せんぎょ)・新鮮(しんせん)・鮮度(せんど) 送 あざやかだ▶鮮やかだ	書 扇子(せんす)・扇風機(せんぷうき)・扇(おうぎ)	読 占拠(せんきょ)・独占(どくせん)・占める(しめる) 送 うらなう▶占う	読 形跡(けいせき)・史跡(しせき)・跡形(あとかた)・傷跡(きずあと) 書 奇跡(きせき)・追跡(ついせき)・筆跡(ひっせき)・足跡(あしあと) 四 人跡未踏(じんせきみとう)・名所旧跡(めいしょきゅうせき)

9 タ 耐	9 俗	7 即	18 贈	18 騒	17 燥
訓[た(える)] 音[タイ]	音[ゾク]	音[ソク]	訓[おく(る)] 音[ゾウ][ソウ]	訓[さわ(ぐ)] 音[ソウ]	音[ソウ]
しかして しこうして 而	にんべん イ	わりふ ふしづくり 卩	かいへん 貝	うまへん 馬	ひへん 火
読 耐える(たえる) 書 耐熱(たいねつ)	読 風俗(ふうぞく) 四 公序良俗(こうじょりょうぞく)・民俗(みんぞく)	読 即応(そくおう)・即決(そくけつ)・即座(そくざ)・即答(そくとう) 書 即席(そくせき)・即断即決(そくだんそっけつ)・当 四 一触即発(いっしょくそくはつ)・意即妙(いそくみょう)・不即不離(ふそくふり)	読 贈与(ぞうよ) 書 贈り物(おくりもの)・贈る(おくる)	読 騒然(そうぜん)・騒動(そうどう)・騒がしい(さわがしい)・胸騒ぎ(むなさわぎ) 書 騒音(そうおん)・騒ぐ(さわぐ)	読 高燥地(こうそうち) 書 乾燥(かんそう) 四 無味乾燥(むみかんそう)

4	11	16	8	7	12
丹	脱	濁	拓	沢	替

丹（4）
音[タン]
、 てん
読 丹念・丹精

脱（11）
音[ダツ] 訓[ぬ(ぐ)][ぬ(げる)]
月 にくづき
読 脱帽・離脱・脱却・脱字
書 脱皮・脱出・脱落
送 ぬげる▼脱げる

濁（16）
音[ダク] 訓[にご(る)][にご(す)]
氵 さんずい
読 汚濁・濁流
書 濁る

拓（8）
音[タク]
扌 てへん
読 開拓
書 干拓

沢（7）
音[タク] 訓[さわ]
氵 さんずい
書 光沢・沢登り

替（12）
音[タイ] 訓[か(える)][か(わる)]
曰 ひらび いわく
読 交替・替える・為替・日替
書 わり・両替

チ

10	12	14	13	11
恥	弾	端	嘆	淡

恥（10）
音[チ] 訓[は(じる)][はじ][は(じらう)][は(ずかしい)]
心 こころ
書 恥
送 はじる▼恥じる

弾（12）
音[ダン] 訓[ひ(く)][たま][はず(む)]
弓 ゆみへん
読 弾力
書 爆弾・弾圧・弾く
送 はずむ▼弾む

端（14）
音[タン] 訓[はし][は][はた高]
立 たつへん
読 端正・端整
書 端麗・極端・端末・先端・極端・容姿端麗
四 多事多端

嘆（13）
音[タン] 訓[なげ(く)][なげ(かわしい)]
口 くちへん
読 驚嘆・感嘆・悲嘆
書 嘆く

淡（11）
音[タン] 訓[あわ(い)]
氵 さんずい
読 淡泊・淡水・枯淡・淡雪
書 濃淡・淡い

10 致
音［チ］
訓［いた(す)］
至 いたる
読 筆致・招致・致命的・致す
書 一致・合致
四字 言行一致・満場一致・一致団結

12 遅
音［チ］
訓［おく(れる)］［おく(らす)］［おそ(い)］
辶 しんにょう・しんにゅう
読 遅配・遅刻・遅延・遅い
書 遅咲き

13 蓄
音［チク］
訓［たくわ(える)］
艹 くさかんむり
読 含蓄・備蓄・蓄積
書 蓄え

13 跳
音［チョウ］
訓［は(ねる)］［と(ぶ)］
足 あしへん
読 跳躍・跳馬
送 はねる▼跳ねる

14 徴
音［チョウ］
イ ぎょうにんべん
読 徴収・徴候・特徴
書 象徴
四字 源泉徴収

15 澄
音［チョウ］
訓［す(む)］高［す(ます)］
氵 さんずい
読 澄明
書 澄む

---

7 沈
音［チン］
訓［しず(む)］［しず(める)］
氵 さんずい
読 浮沈・沈下・沈着・沈黙
書 沈思黙考・意気消沈・地盤沈下
送 しずめる▼沈める

9 珍
音［チン］
訓［めずら(しい)］
王 おうへん・たまへん
読 珍妙・珍獣
書 珍味
送 めずらしい▼珍しい

8 抵 テ
音［テイ］
扌 てへん
読 抵触・抵当
書 抵抗

12 堤
音［テイ］
訓［つつみ］
土 つちへん
読 突堤・堤
書 堤防

14 摘
音［テキ］
訓［つ(む)］
扌 てへん
読 摘出・摘発・摘む
書 指摘

14 滴
音［テキ］
訓［しずく］［したた(る)］高
氵 さんずい
読 滴
書 水滴・点滴・一滴

5	12	10	6 ト	13	11
奴	**渡**	**途**	**吐**	**殿**	**添**

奴（5）
音［ド］
女 おんなへん
読 奴隷（どれい）・守銭奴（しゅせんど）

渡（12）
音［ト］
訓［わた(る)］［わた(す)］
氵 さんずい
読 渡航・過渡期（かときき）・橋渡（はしわた）し・世渡（よわた）り
書 見渡（みわた）す・渡（わた）す・渡（わた）る

途（10）
音［ト］
辶 しんにょう
読 別途（べっと）・使途（しと）・前途（ぜんと）・途切（とぎ）れる
書 途中・用途
四 前途有望・前途多難

吐（6 ト）
音［ト］
訓［は(く)］
口 くちへん
読 吐露（とろ）
書 吐息（といき）・音吐朗朗（おんとろうろう）
四 青息吐息（あおいきといき）

殿（13）
音［デン］［テン］
訓［との］［どの］
殳 ほこづくり・るまた
読 殿堂・御殿（ごてん）・沈殿（ちんでん）
書 宮殿・殿様（とのさま）

添（11）
音［テン］
訓［そ(える)］［そ(う)］
氵 さんずい
読 添加（てんか）
書 添付（てんぷ）・添加物（てんかぶつ）・添乗（てんじょう）・添（そ）う

10	10	9	8	9
唐	**倒**	**逃**	**到**	**怒**

唐（10）
音［トウ］
訓［から］
口 くち
読 唐（から）の国（くに）・唐突（とうとつ）・遣唐使（けんとうし）

倒（10）
音［トウ］
訓［たお(れる)］［たお(す)］
イ にんべん
読 倒産・倒立（とうりつ）
書 転倒（てんとう）・圧倒（あっとう）
四 抱腹絶倒（ほうふくぜっとう）・本末転倒（ほんまつてんとう）・七転八倒（しちてんばっとう）
送 たおれる ▼倒れる

逃（9）
音［トウ］
訓［に(げる)］［に(がす)］［のが(す)］［のが(れる)］
辶 しんにょう
読 逃避（とうひ）・逃走（とうそう）・逃亡（とうぼう）
書 逃走（とうそう）・逃（のが）れる・逃（に）げる

到（8）
音［トウ］
刂 りっとう
読 到底（とうてい）・周到（しゅうとう）・殺到（さっとう）・到来（とうらい）
書 到着（とうちゃく）・到達（とうたつ）
四 時節到来（じせつとうらい）・用意周到（よういしゅうとう）・前人未到（ぜんじんみとう）

怒（9）
音［ド］
訓［いか(る)］［おこ(る)］
心 こころ
読 怒号（どごう）・怒（いか）り
書 激怒（げきど）・怒（おこ）り

10 桃	10 透	11 盗	12 塔	14 稲	15 踏
音[トウ] 訓[もも]	音[トウ] 訓[すく][すかす][す(ける)]	音[トウ] 訓[ぬす(む)]	音[トウ]	音[トウ] 訓[いね][いな]	音[トウ] 訓[ふむ][ふ(まえる)]
きへん 木	しんにょう 辶	さら 皿	つちへん 土	のぎへん 禾	あしへん 足
読 桃源郷 書 桃	読 浸透・透視 書 透明 送 すける▶透ける	読 盗難 書 盗掘 送 ぬすむ▶盗む	読 金字塔 書 塔	読 水稲 書 稲刈り・稲妻・稲作	読 雑踏・踏襲・未踏・踏査 書 足踏み・踏む・踏切 四 人跡未踏

18 闘	10 胴	9 峠	8 突	12 鈍	16 曇
音[トウ] 訓[たたか(う)]	音[ドウ]	訓[とうげ]	音[トツ] 訓[つ(く)]	音[ドン] 訓[にぶい][にぶ(る)]	音[ドン] 訓[くも(る)]
もんがまえ 門	にくづき 月	やまへん 山	あなかんむり 穴	かねへん 金	ひ 日
読 闘う 書 格闘・闘病・戦闘・闘志 四 力戦奮闘・悪戦苦闘・満満・闘志	読 双胴船 書 胴体・胴	書 峠	読 唐突・突堤・突拍子 書 突進・突入・煙突・突破・ 突く	読 鈍重・鈍感 書 鈍 送 にぶい▶鈍い	読 曇天 書 曇る

8	15	8 ハ	16	10 ノ	6 二
拍	輩	杯	濃	悩	弐
音 [ハク] [ヒョウ]	**音** [ハイ]	**訓 音** [ハイ] [さかずき]	**訓 音** [ノウ] [こ(い)]	**訓 音** [ノウ] [なや(む)] [なや(ます)]	**音** [ニ]
て へ ん 扌	くるま 車	き へ ん 木	さんずい 氵	りっしんべん 忄	しきがまえ 弋
書 読 拍手・拍子・突拍子 ・三拍子・脈拍	**書 読** 後輩・先輩 輩出	**書 読** 乾杯・満杯 祝杯	**書 読** 濃縮 濃度・濃淡・濃霧・濃い	**送 書 読** なやます 苦悩・悩み ▼ 悩ます	**読** 弐万

14	19	16	8	8
髪	爆	薄	迫	泊
訓 音 [ハツ] [かみ]	**音** [バク]	**訓 音** [ハク] [うす(い)] [うす(める)] [うす(まる)] [うす(らぐ)] [うす(れる)]	**訓 音** [ハク] [せま(る)]	**訓 音** [ハク] [と(まる)] [と(める)]
かみがしら 髟	ひへん 火	くさかんむり 艹	しんにょう しんにゅう 辶	さんずい 氵
四 読 書 危機一髪 毛髪・間一髪 散髪・ 頭髪・白髪・髪飾り・髪	**書** 爆発・爆弾	**四 書 読** 薄利多売・意志薄弱・軽 薄氷・薄着 軽薄・薄情・希薄・薄利 薄短小 薄い・薄味	**書 読** 圧迫・迫力・迫る 切迫・気迫・迫真	**書 読** 外泊・宿泊・泊まる 淡泊・停泊

15	13	11	10	14	7
範	搬	販	般	罰	抜
音[ハン]	音[ハン]	音[ハン]	音[ハン]	音[バツ][バチ]	音[バツ]訓[ぬ(く)][ぬ(ける)][ぬ(かす)][ぬ(かる)]
たけかんむり ⺮	てへん 扌	かいへん 貝	ふねへん 舟	あみがしら あみめ よこめ ⺲	てへん 扌
読 規範・模範 書 範囲 四 率先垂範	読 搬出・搬送・運搬 書 搬入	読 販路・市販 書 販売	読 全般 書 一般	読 罰・罰金 書 処罰・罰則 四 信賞必罰・一罰百戒	読 抜群 書 奇抜・選抜 送 ぬかす▼抜かす

16	10	10	8 ヒ	15	16
避	被	疲	彼	盤	繁
音[ヒ]訓[さ(ける)]	音[ヒ]訓[こうむ(る)]	音[ヒ]訓[つか(れる)]	音[ヒ]訓[かれ][かの]	音[バン]	音[ハン]
しんにょう しんにゅう ⻌	ころもへん 衤	やまいだれ 疒	ぎょうにんべん 彳	さら 皿	いと 糸
読 逃避 書 回避・避難 送 さける▼避ける	読 被る 書 被害・被災	書 疲労 送 つかれる▼疲れる	書 彼岸 読 彼女・彼	読 序盤・終盤 書 地盤・円盤 四 地盤沈下	読 繁忙・繁茂・繁殖・繁雑 書 繁栄

10	10	11	4	13	7
敏	浜	描	匹	微	尾
音[ビン]	音[ヒン] 訓[はま]	音[ビョウ] 訓[か(く)] [えが(く)]	音[ヒツ] 訓[ひき]	音[ビ]	音[ビ] 訓[お]
ぼくづくり のぶん 攵	さんずい 氵	てへん 扌	かくしがまえ 匸	ぎょうにんべん 彳	かばね しかばね 尸
読 過敏・敏速・機敏・敏腕・鋭敏 書 敏感	書 海浜・砂浜・浜辺 かいひん すなはま はまべ	書 描写・描く びょうしゃ えが	書 一匹 いっぴき 読 匹敵 ひってき	読 微細・微微たる・微生物・微風 びさい びび びせいぶつ びふう 書 微妙・微熱・微力 びみょう びねつ びりょく	読 尾翼・首尾 びよく しゅび 書 尾・尾頭・尾根 お おかしら おね

15	14	12	10	8	フ
敷	腐	普	浮	怖	
音[フ] 訓[し(く)]	音[フ] 訓[くさ(る)] [くさ(れる)] [くさ(らす)]	音[フ]	音[フ] 訓[う(く)] [う(かれる)] [う(かぶ)] [う(かべる)]	音[フ] 訓[こわ(い)]	
ぼくづくり のぶん 攵	にく 肉	ひ 日	さんずい 氵	りっしんべん 忄	
読 敷物・敷布 しきもの しきふ 書 屋敷・敷く やしき し	読 腐食・腐敗 ふしょく ふはい 書 豆腐 とうふ 送 くさる▼腐る	書 普通・普及 ふつう ふきゅう	読 浮沈 ふちん 書 浮上・浮く ふじょう う	読 恐怖・怖い きょうふ こわ	

15	5	12	15	15	15
噴	**払**	**幅**	**舞**	**賦**	**膚**

噴（15）
音[フン]
くちへん 口
読 噴出・噴火（ふんしゅつ・ふんか）
書 噴く・噴水（ふ・ふんすい）

払（5）
訓[はら(う)]高 音[フツ]
てへん 扌
読 払底（ふってい）
書 払う・出払う（はら・ではら）

幅（12）
訓 音[フク]
はばへん 巾 きんべん
読 増幅・全幅・道幅（ぞうふく・ぜんぷく・みちはば）
書 幅・肩幅・振幅・歩幅（はば・かたはば・しんぷく・ほはば）

舞（15）
訓[ま(う)][まい] 音[ブ]
まいあし 舛
読 鼓舞・舞踊・乱舞（こぶ・ぶよう・らんぶ）
書 舞台・舞う・見舞う（ぶたい・ま・みま）
四 狂喜乱舞（きょうきらんぶ）

賦（15）
音[フ]
かいへん 貝
読 天賦・賦与（てんぷ・ふよ）

膚（15）
音[フ]
にく 肉
読 完膚（かんぷ）
書 皮膚（ひふ）

ホ

8	15	10	16	9
抱	**舗**	**捕**	**壁**	**柄**

ヘ

抱（8）
訓[ホウ][だ(く)][いだ(く)][かか(える)]
てへん 扌
読 抱負・介抱（ほうふ・かいほう）
四 抱腹絶倒（ほうふくぜっとう）
書 抱える（かか）
送 いだく▼抱く

舗（15）
音[ホ]
した 舌
読 店舗・舗装・舗道（てんぽ・ほそう・ほどう）
書 店舗

捕（10）
訓[ホ][と(らえる)][と(らわれる)][と(る)][つか(まえる)][つか(まる)]
てへん 扌
読 捕獲・逮捕（ほかく・たいほ）
送 つかまる▼捕まる・とらえる▼捕らえる
▼捕らえる

壁（16）
訓[かべ] 音[ヘキ]
つち 土
読 壁面・壁画・岩壁（へきめん・へきが・がんぺき）
書 鉄壁・壁・壁紙（てっぺき・かべ・かべがみ）
四 金城鉄壁（きんじょうてっぺき）

柄（9）
訓[がら][え]高 音[ヘイ]
きへん 木
読 ひしゃくの柄（え）
書 手柄・人柄・身柄・絵柄（てがら・ひとがら・みがら・えがら）

峰 10　音[ホウ]　訓[みね]
山　やまへん
書　峰
読　連峰(れんぽう)・名峰(めいほう)

砲 10　音[ホウ]
石　いしへん
書　発砲(はっぽう)・大砲(たいほう)
読　砲丸(ほうがん)・砲撃(ほうげき)

忙 6　音[ボウ]　訓[いそが(しい)]
忄　りっしんべん
書　多忙(たぼう)
読　繁忙(はんぼう)・忙殺(ぼうさつ)
送　いそがしい▼忙しい

坊 7　音[ボウ][ボッ]
土　つちへん
書　寝坊(ねぼう)
読　寝坊・宿坊(しゅくぼう)・坊ちゃん(ぼっちゃん)

肪 8　音[ボウ]
月　にくづき
書　脂肪(しぼう)

冒 9　音[ボウ]　訓[おか(す)]
曰　ひらび・いわく
読　冒頭(ぼうとう)
書　冒険(ぼうけん)・危険を冒す(きけんをおかす)

漫 14　音[マン]
氵　さんずい
書　漫画(まんが)
読　散漫(さんまん)・漫然(まんぜん)
四　注意 散漫・漫言放語(まんげんほうご)

慢 14　音[マン]
忄　りっしんべん
読　慢心(まんしん)・高慢(こうまん)・慢性(まんせい)
書　自慢(じまん)

盆 9　音[ボン]
皿　さら
書　盆地(ぼんち)・盆踊り(ぼんおどり)

凡 3　音[ボン][ハン]高
几　つくえ
読　凡人(ぼんじん)・非凡(ひぼん)・平凡(へいぼん)
書　凡用(はんよう)

帽 12　音[ボウ]
巾　きんべん
読　脱帽(だつぼう)
書　帽子(ぼうし)

傍 12　音[ボウ]　訓[かたわ(ら)]高
イ　にんべん
読　傍観(ぼうかん)・路傍(ろぼう)・傍線(ぼうせん)・傍受(ぼうじゅ)・傍証(ぼうしょう)
送　かたわら▼傍ら

8 モ	10	19	5 ム	10	7 ミ
茂	娘	霧	矛	眠	妙
訓[モ] [しげ(る)]	訓[むすめ]	訓音[き[ム]り]	訓音[ほ[ム]こ]	訓音[ねむ[ミン](る)] [ねむ(い)]	音[ミョウ]
くさかんむり 艹	おんなへん 女	あめかんむり 雨	ほこ 矛	めへん 目	おんなへん 女
書 繁茂・茂る 読 茂み	書 娘	書 濃霧・霧吹き・霧 四 五里霧中・雲散霧消	書 矛 書 矛盾・矛先 四 自己矛盾	読 休眠・眠る 書 安眠・永眠・冬眠・仮眠 眠気・眠い 四 不眠不休	読 妙案・神妙・妙技・珍妙 書 絶妙・微妙・妙 奇妙 書 妙技 四 妙計奇策・当意即妙

12 ユ	21 ヤ	10	15	14	11
雄	躍	紋	黙	網	猛
訓音[お[ユウ]] [おす]	訓音[おど[ヤク](る)]	音[モン]	訓音[だま[モク](る)]	訓音[あ[モウ]み]	音[モウ]
ふるとり 隹	あしへん 足	いとへん 糸	くろ 黒	いとへん 糸	けものへん 犭
読 雄大・英雄・雄弁・雌雄・ 書 雄姿・雄図 雄・雄花	読 跳躍・躍進・躍動・飛躍・ 躍起・躍る 書 活躍	読 波紋・家紋・紋所 書 指紋	読 黙読・黙想・黙殺・黙認 書 暗黙・沈黙・黙る 四 沈思黙考 四 一網打尽	読 連絡網・情報網・通信網 書 金網・網戸・網	読 猛威・猛烈・猛獣 書 猛勉強

謡	踊	腰	溶	誉	与

謡（16）
音［ヨウ］高　訓［うたい］高［うた(う)］高
ごんべん　言
読　謡曲・民謡・歌謡・童謡
書　歌謡曲

踊（14）
音［ヨウ］高　訓［おど(る)］［おど(り)］
あしへん　足
読　舞踊・踊る
書　盆踊り

腰（13）
音［ヨウ］　訓［こし］
にくづき　月
読　弱腰・腰痛
書　本腰・腰

溶（13）
音［ヨウ］　訓［と(ける)］［と(かす)］［と(く)］
さんずい　氵
読　溶液・溶接・溶解・溶かす
書　水溶液

誉（13）
音［ヨ］　訓［ほま(れ)］
げん　言
読　名誉・誉れ
書　栄誉

与（3）ヨ
音［ヨ］　訓［あた(える)］
いち　一
読　与党・授与・関与・賞与・贈与・寄与・賦与
送　あたえる▼与える

18　リ	20	12	16	13　ラ	17

離	欄	絡	頼	雷	翼

離（18）リ
音［リ］　訓［はな(れる)］［はな(す)］
ふるとり　隹
読　離脱・離合・離陸・分離・離す
書　距離・離婚・離
四　集散・愛別離苦・不即不離

欄（20）
音［ラン］
きへん　木
読　空欄
書　欄干・解答欄

絡（12）
音［ラク］　訓［から(む)］高［から(める)］高［から(まる)］高
いとへん　糸
読　連絡
書　脈絡・連絡網

頼（16）
音［ライ］　訓［たの(む)］［たの(もしい)］［たよ(る)］
おおがい　頁
書　信頼・依頼・頼る
送　たのもしい▼頼もしい

雷（13）ラ
音［ライ］　訓［かみなり］
あめかんむり　雨
読　春雷
書　雷雨・落雷・雷雲・雷
四　付和雷同

翼（17）
音［ヨク］　訓［つばさ］
はね　羽
読　尾翼・主翼
書　小心翼翼
四　小心翼翼

上段（右から左）

隷 16 レ
音［レイ］
隶 れいづくり
読 隷属・奴隷
れいぞく　どれい

涙 10 ル
訓［なみだ］
氵 さんずい
読 落涙
らくるい
書 感涙・涙・涙声
かんるい　なみだ　なみだごえ

隣 16
音［リン］
訓［となる・となり］
阝 こざとへん
読 隣接・隣家
りんせつ　りんか
書 隣人・隣
りんじん　となり
四 善隣友好
ぜんりんゆうこう

療 17
音［リョウ］
疒 やまいだれ
書 治療
ちりょう
読 療養・医療・療法
りょうよう　いりょう　りょうほう

慮 15
音［リョ］
心 こころ
読 思慮・考慮・苦慮・
しりょ　こうりょ　くりょ
配慮・熟慮
はいりょ　じゅくりょ
断行・思慮分別・千慮
だんこう　しりょふんべつ　せんりょ
書 遠慮
えんりょ
四 熟慮・
じゅくりょ
千慮一失
せんりょいっしつ

粒 11
音［リュウ］
訓［つぶ］
米 こめへん
読 豆粒
まめつぶ
書 粒子・粒・米粒
りゅうし　つぶ　こめつぶ

下段（右から左）

恋 10
音［レン］
訓［こう・こい・こいしい］
心 こころ
書 恋愛・
れんあい
初恋・恋人・恋しい
はつこい　こいびと　こい
読 悲恋・恋心
ひれん　こいごころ

烈 10
音［レツ］
灬 れんが・れっか
書 熱烈・
ねつれつ
鮮烈・烈火・痛烈
せんれつ　れっか　つうれつ
読 猛烈・強烈
もうれつ　きょうれつ

劣 6
音［レツ］
訓［おとる］
力 ちから
書 優劣
ゆうれつ
読 劣勢・劣等・劣る・見劣り
れっせい　れっとう　おと　みおと

暦 14
音［レキ］
訓［こよみ］
日 ひ
書 暦
こよみ
読 旧暦・西暦
きゅうれき　せいれき

麗 19
音［レイ］
訓［うるわしい］高
鹿 しか
四 端麗・秀麗・麗姿
たんれい　しゅうれい　れいし
読 美辞麗句・容姿端麗
びじれいく　ようしたんれい

齢 17
音［レイ］
歯 はへん
書 高齢・樹齢
こうれい　じゅれい

12	12 ワ	9	21 ロ
腕	惑	郎	露
音[ワン] 訓[うで]	音[ワク] 訓[まどう]	音[ロウ]	音[ロ] [ロウ] 訓[つゆ]
月 にくづき	心 こころ	阝 おおざと	雨 あめかんむり
読 手腕・敏腕・腕章・腕白 しゅわん　びんわん　わんしょう　わんぱく 書 腕力・腕前・腕 わんりょく　うでまえ　うで	読 当惑・困惑・戸惑う とうわく　こんわく　とまど 書 惑星・迷惑・疑惑・惑わす わくせい　めいわく　ぎわく　まど	書 新郎 しんろう 四 一族郎党 いちぞくろうとう	読 吐露・露店・甘露煮・露・ とろ　ろてん　かんろに　つゆ 夜露 よつゆ 書 露天・露骨・朝露 ろてん　ろこつ　あさつゆ

四字熟語

四字熟語の問題では、四字のうち一字が問われます。どの字を問われても答えられるようにしっかりと覚えましょう。

悪口雑言（あっこうぞうごん）
口にまかせていろいろ悪口を言うこと。また、その言葉。

悪戦苦闘（あくせんくとう）
強敵に対する非常に苦しい戦い。転じて、困難に打ち勝とうと苦労しながら努力すること。

悪事千里（あくじせんり）
とかく悪い行いや評判は、すぐに広く知れわたるということ。

悪逆無道（あくぎゃくむどう）
人として行う道に、はなはだしくそむいた、悪い行い。「無道」は「ぶどう」「ぶとう」とも読む。類語に「極悪非道」がある。

青息吐息（あおいきといき）
心配や苦労のあまり、心身が弱ったときに吐くため息。また、ため息の出るような状態。

愛別離苦（あいべつりく）
親子、兄弟、夫婦など、愛する人との別れのつらさ、悲しさ。

以心伝心（いしんでんしん）
考えや思っていることが言葉を使わずに、互いの心から心に伝わること。

意思表示（いしひょうじ）
自らの考えを他者がわかるように示すこと。

意志薄弱（いしはくじゃく）
意志の力が弱くて、がまんや決断ができないこと。類語に「優柔不断」がある。

意志堅固（いしけんご）
考えや志がしっかりしていること。

異口同音（いくどうおん）
大勢の人々が口をそろえて同じことを言うこと。多くの人の意見が一致すること。

意気投合（いきとうごう）
心持ちが互いにぴったりと合い、一つになること。

意気消沈（いきしょうちん）
元気がなくしょげ返っていること。失望してがっかりしていること。

依願退職（いがんたいしょく）
社員の都合で会社に退職届を出して退職をすること。

安全保障（あんぜんほしょう）
外国からの攻撃などに対し、国家の安全を保障すること。

暗雲低迷（あんうんていめい）
前途多難な状態が続くこと。また、雲が低くたれこめ、なかなか晴れそうになさそうにないこと。

一網打尽 いちもうだじん	一望千里 いちぼうせんり	一部始終 いちぶしじゅう	一病息災 いちびょうそくさい	一罰百戒 いちばつひゃっかい	一族郎党 いちぞくろうとう	一日千秋 いちじつせんしゅう	一言半句 いちごんはんく	一意専心 いちいせんしん
網を一打ちしてその周りにいる魚を残らずとらえること。転じて、一度に悪党の一味や敵対する者すべてをとらえつくすこと。	非常に見晴らしがよいこと。ひと目で遠くまで見晴らせること。	はじめから終わりまで。事の詳細すべて。	多少気になるくらいの軽い病を持っていたほうが、無理をせず長生きするということ。	一人を罰することで、他の大勢が同じような罪を犯さないように戒めること。	一家や一族など自分たちと血のつながりのあるものとその家来のこと。	「一日」は「いちにち」とも読む。大変待ち遠しい気持ち。「一日千秋の思い」と使う。類語に「一日三秋」「一刻千秋」がある。	ほんのわずかな言葉。類語に「片言隻句」などがある。「一言」は「いちげん」とも読む。	他に心をうばわれず、そのことだけに目を向けて心を注ぐこと。類語に「一心不乱」がある。

一刀両断 いっとうりょうだん	一致団結 いっちだんけつ	一心不乱 いっしんふらん	一進一退 いっしんいったい	一触即発 いっしょくそくはつ	一視同仁 いっしどうじん	一刻千金 いっこくせんきん	一件落着 いっけんらくちゃく	一挙一動 いっきょいちどう
一太刀で物を真っ二つに切る。ためらわず、すばやく物事を処理したり、解決したりすること。	多くの人がひとつの目的のためにまとまり協力しあうこと。	一つのことに集中して心を乱さないこと。類語に「一意専心」がある。	進んだり、退いたりすること。状況が良くなったり、悪くなったりすること。	互いににらみあって対立している勢力が、ちょっとふれ合うだけで爆発しそうな、非常に切迫している状態。類語に「危機一髪」がある。	差別することなくすべての人を平等に見て一様に愛すること。	わずかなひとときが、千金の値打ちがあるくらい貴重であること。	物事が解決すること。「落着」は一つのこと、「一件」は一つのこと。類語に「一石二鳥」がある。	ちょっとしたしぐさのこと。ひとつひとつのふるまいやしぐさ。

威風堂堂（いふうどうどう）	重々しくどっしりと威力に満ちているようす。
意味深長（いみしんちょう）	人の行動や言葉、詩文などの意味が深く、ふくみがあること。
因果応報（いんがおうほう）	過去における善悪の業に応じて、現在における幸不幸の果報が生じること。
有為転変（ういてんぺん）	世の中は常に移り変わり、少しの間も一定でないこと。「転変」は「てんぺん」とも読む。
雲散霧消（うんさんむしょう）	雲や霧が風や太陽の光にあたって消えうせるように、あとかたもなく消えてなくなること。
越権行為（えっけんこうい）	持っている権限を越えた行為のこと。
延命息災（えんめいそくさい）	命をのばして災いを取り去る。「息災」は災いをとめる。「延命」は「えんみょう」とも読む。「息」はやむ、終わらせるの意味。類語に「無病息災」「無事息災」がある。
応急処置（おうきゅうしょち）	急病人やけが人に、とりあえずその場でしておく処置。
汚名返上（おめいへんじょう）	悪い評判のある状態から巻き返しを図ること。「汚名」は悪い評判のこと。

温故知新（おんこちしん）	古いものをたずね求めて新たな意味を知ること。「温」はたずねること。
温暖前線（おんだんぜんせん）	暖かい空気が冷たい空気を乗り上げて進むときにできる前線。
音吐朗朗（おんとろうろう）	声が豊かではっきりとしているさま。「音吐」は声の出し方、「朗朗」はほがらかですんでいるさま。
外交辞令（がいこうじれい）	口先だけのお世辞。うわべだけのお愛想のこと。
介護保険（かいごほけん）	高齢者などの介護にかかる負担を支援するための保険のこと。
花鳥風月（かちょうふうげつ）	自然の美しい景色や風流な遊び。
環境破壊（かんきょうはかい）	人間によって自然や都市の環境がそこなわれること。
環境保護（かんきょうほご）	自然や都市の環境破壊を未然に防いだり、破壊された環境を改善すること。
環境保全（かんきょうほぜん）	自然の環境を保護し維持すること。
完全無欠（かんぜんむけつ）	欠点がまったくないこと。完ぺきな様子。

急転直下	旧態依然	牛飲馬食	奇想天外	疑心暗鬼	喜色満面	起承転結	起死回生	危急存亡	危機一髪
物事の様子、なりゆきが急に変わって、解決に向かうこと。	昔からの状態がそのまま続き、少しも変化、進歩しないさま。類語に「十年一日」がある。	牛が水を飲み、馬が草を食べるように、たくさん飲んだり食べたりすること。	普通の人には思いつかないような、大変変わった考え。	疑う心があると、なんでもないことまであやしく感じられるようになること。	顔中に喜びの表情があふれているさま。「色」は表情、「満面」は顔全体のこと。	文章の組み立て方や、物事の順序のこと。	今にも死にそうな病人を生き返らせること。また、崩壊寸前の状態から好転させること。	危険がせまっていて、生き残るか滅びるかの瀬戸際であること。	髪の毛一本ほどのわずかなちがいで、非常に危険な状態になりそうな瞬間、状況のこと。

軽薄短小	空前絶後	金城鉄壁	金科玉条	議論百出	気力集中	玉石混交	興味本位	驚天動地	狂喜乱舞
うすっぺらで中身のないさま。物が軽くて薄く、短く小さいこと。	過去に比べられる例がなく、将来にもないと思われるほど、非常にまれなさま。	金や鉄のような城壁を持つ堅固な城。転じて、物事が非常に堅固であることのたとえ。	金や玉のように大切な法律。一番重要な規則。	議論で多くの意見が出されること。	物事をなしとげようとする精神力を集中させること。	すぐれたものと劣ったものが入り混じっていること。	判断の基準を、おもしろいかどうかということだけにすること。	天を驚かし、地を動かす意で、世間を大いに驚かすこと。	非常に喜ぶさま。

月下氷人（げっかひょうじん）
男女の仲をとりもつ人のこと。

兼愛無私（けんあいむし）
自他の区別なく、広く人を愛すること。

言行一致（げんこういっち）
言葉と行動が食いちがわないこと。類語に「有言実行」がある。

現状維持（げんじょういじ）
現在の状況がそのまま変化しないこと。類語に「現状保持」がある。

源泉徴収（げんせんちょうしゅう）
給料などを支払う者が、事前に国に収める税金を差し引いてから支払うこと。

行雲流水（こううんりゅうすい）
川を流れる水や空を流れる雲のように物事にとらわれず自然のなりゆきにまかせて生きること。

好機到来（こうきとうらい）
ちょうどよい機会がくること。絶好の機会にめぐまれること。

公序良俗（こうじょりょうぞく）
公共の秩序と、善良な風俗。

公平無私（こうへいむし）
すべての判断、行動などがかたよらず、個人的な感情、利益などをいっさい加えないさま。類語に「公明正大」「公正平等」がある。

公明正大（こうめいせいだい）
構成でかくしだてをせず、私心がないこと。類語に「公平無私」「大公無私」がある。

極楽往生（ごくらくおうじょう）
死んでから極楽に生まれ変わること。また、安らかに死ぬこと。

古今東西（こことうざい）
いつでも、どこでも。「古今」は昔から今まで（いつでも）、「東西」は東も西も（どこでも）。

後生大事（ごしょうだいじ）
心をこめてはげみ、物を大事にあつかうこと。

故事来歴（こじらいれき）
昔から伝えられてきた物事についてのいわれや経過。「古事」とも書く。

五里霧中（ごりむちゅう）
霧が深く方向がつかめないこと。現状がつかめず、方針を立てる手がかりがない状態。

言語道断（ごんごどうだん）
あまりのひどさにあきれて言葉も出ないこと。「道断」は言葉にならないという意。

才色兼備（さいしょくけんび）
すぐれた才能を持ち、美ぼうもかね備えている女性。「色」は様子、人間の容ぼうのこと。「才色」は「さいしき」とも読む。

三寒四温（さんかんしおん）
冬の時期、寒い日が三日続き、そのあと暖かい日が四日続くこと。

山紫水明（さんしすいめい）	山が陽光を受けて 紫色に映え、流れる川の水は澄んで清らかなこと。
三拝九拝（さんぱいきゅうはい）	何度もおじぎをすること。
支援団体（しえんだんたい）	困難な状態にある他者に何らかの支援をする団体のこと。
自画自賛（じがじさん）	自分のことを自分でほめること。「賛」は絵画に書きそえる詩文で、通常は他人に書いてもらうもの。自分の描いた絵に自分で賛を書く意。
色即是空（しきそくぜくう）	仏教の根本思想の一つで、この世のすべての物には形があるが、形は実在ではなく本質は空である、という意。
自給自足（じきゅうじそく）	必要なものを自分でまかなって、たりるようにすること。
自己暗示（じこあんじ）	言葉や行動が前後でつじつまが合わないこと。
自己矛盾（じこむじゅん）	言うことと行うこととが矛盾していること。

事実無根（じじつむこん）	根も葉もないこと。事実にもとづいていないこと。でたらめ。
四書五経（ししょごきょう）	儒教の中で重要な書物のこと。四書は「論語」「大学」「中庸」「孟子」、五経は「易経」「書経」「詩経」「礼記」「春秋」のことを指す。
時節到来（じせつとうらい）	よい機会がやってくること。
舌先三寸（したさきさんずん）	口先でうまいことを言って誠実さに欠け、中身がないこと。
七転八起（しちてんはっき）	失敗を重ねても、くじけることなく奮起すること。「七転び八起き」の漢語表記。
七転八倒（しちてんばっとう）	苦痛のためにのたうちまわること。
七難八苦（しちなんはっく）	いろいろな困難や多くの苦悩。仏教語で、七つの災いと八つの苦しみのこと。
地盤沈下（じばんちんか）	地下水をくみ上げすぎることなどにより、地面が沈んでしまうこと。
弱肉強食（じゃくにくきょうしょく）	弱いものが強いものに食われること。生存競争の激しさをいう。

[巻末43]

325

社交辞令（しゃこうじれい）	他者とうまく付き合うためのあいさつやほめ言葉のこと。
縦横無尽（じゅうおうむじん）	この上なく自由自在で、思う存分にふるまうこと。類語に「自由自在」「縦横自在」がある。
衆人環視（しゅうじんかんし）	多くの人が取り巻いて見ていること。物事が白日のもとにさらされることにもいう。
熟慮断行（じゅくりょだんこう）	じっくり考えた上で思い切って実行すること。
需要供給（じゅようきょうきゅう）	ある商品を買おうとすることと売ろうとすること。
小康状態（しょうこうじょうたい）	一度悪くなっていたところから少し回復して落ち着いている状態のこと。
小心翼翼（しょうしんよくよく）	気が小さくてびくびくしているさま。慎重なさま。
精進料理（しょうじんりょうり）	仏教のきまりに基づいて作られた料理のこと。
賞味期限（しょうみきげん）	食品において、これを過ぎると風味が落ちる期限のこと。
諸行無常（しょぎょうむじょう）	この世のすべてのものは常に変化するということと。人生ははかないものだという、仏教の思想。

自力更生（じりきこうせい）	他人に頼らず、自分の力で生活を改めていくこと。
私利私欲（しりしよく）	自分の利益だけを考えて行動しようと欲すること。
思慮分別（しりょふんべつ）	よく考えて判断すること。また、その能力。類語に「熟慮断行」がある。
心機一転（しんきいってん）	あることをきっかけとして、気持ちをすっかり入れかえて出直すこと。
真剣勝負（しんけんしょうぶ）	本気で勝負すること。本気で物事にとりくむこと。
真実一路（しんじついちろ）	真実を求めて、ひとすじに進むこと。
人事不省（じんじふせい）	病気やけがなどで意識を失う。こんすい状態におちいる。類語に「前後不覚」がある。
信賞必罰（しんしょうひつばつ）	ほめることと、罰することのけじめを厳正にすること。
針小棒大（しんしょうぼうだい）	針のように小さなことを、棒ほどもあったように大きくいう。
新進気鋭（しんしんきえい）	新たに参加したばかりで非常に意気込んでおり、勢いが盛んなこと。また、その人。

人跡未踏（じんせきみとう）
いまだかつて、人が足をふみ入れたことのないこと。

深層心理（しんそうしんり）
ふだんは意識されないが、心の奥深くにかくれている心理のこと。

人面獣心（じんめんじゅうしん）
人間らしい心を持たない人のこと。顔は人間であるが、心は獣であるという意から。

侵略行為（しんりゃくこうい）
ある国家が他の国家に対して一方的に主権などを侵害すること。

頭寒足熱（ずかんそくねつ）
頭部を冷やして足を温めること。健康によいとされる。

晴耕雨読（せいこううどく）
晴れた日は田畑を耕し、雨が降れば家にこもって読書し、気の向くままに生活すること。

西高東低（せいこうとうてい）
地域の西に高気圧があり、東に低気圧がある気圧配置のこと。日本列島においては主に冬に発生する。

青天白日（せいてんはくじつ）
よく晴れた天気。転じて、心にやましさも後ろめたさもなく、潔白であること。

清風明月（せいふうめいげつ）
夜の静かで清らかなたたずまいの形容。清らかな美しい自然の形容。

絶体絶命（ぜったいぜつめい）
せっぱ詰まってどうにも逃れられない困難な状態。

是非曲直（ぜひきょくちょく）
物事の善悪。正と不正。

是非善悪（ぜひぜんあく）
物事のよしあし。類語に「是非曲直」「理非曲直」がある。

前後不覚（ぜんごふかく）
物事の後先の判断がつかなくなるほど正気を失うこと。

前人未到（ぜんじんみとう）
今までだれも到達していないこと。「未到」は「未踏」とも書く。（足を踏み入れていない意）。

全知全能（ぜんちぜんのう）
できないことはなにもなく、知らないことはなにもないこと。

前途多難（ぜんとたなん）
将来に多くの困難が待ち受けていると予想されること。対語に「前途有為」「前途洋洋」がある。

前途有望（ぜんとゆうぼう）
将来に大いに見込みがあること。類語に「前途有為」「前途洋洋」がある。

千慮一失（せんりょいっしつ）
知者の考えの中にも一つぐらいは間違いがあるということ。対語に「千慮一得」がある。

善隣友好（ぜんりんゆうこう）
隣国や隣家などに友情を持つこと。外交上、友好関係を結ぶこと。

創意工夫（そういくふう）
ものを新たに考え出したり、いろいろな手段を見つけ出したりすること。

四字熟語	意味
臓器移植（ぞうきいしょく）	肺や肝臓などの臓器を他者に移植すること。
速戦即決（そくせんそっけつ）	長期戦をさけ、勝負を一気に決すること。転じて、物事の決着をすみやかにつけること。
即断即決（そくだんそっけつ）	間をおかずに決断すること。対語に「優柔不断」がある。
率先垂範（そっせんすいはん）	先頭に立って積極的に行動し模範を示すこと。「垂範」は手本を示す意。
大器晩成（たいきばんせい）	大きな器や道具は完成に長い年月がかかる。偉大な人物は、若いころは目立たず、ゆっくりと実力を養い、晩年に大成するということ。
大義名分（たいぎめいぶん）	ある行為をするための根拠となる正当な理由。
大勢順応（たいせいじゅんのう）	なりゆきに任せてしまおうとする考え方のこと。
大同小異（だいどうしょうい）	多少の違いはあるが、ほぼ同じであること。似たり寄ったり。
多事多端（たじたたん）	仕事や事件が多くて忙しいこと。類語に「多事多忙」がある。
多事多難（たじたなん）	事件が多く、困難なことが多いこと。
単刀直入（たんとうちょくにゅう）	たった一本の刀で敵の中に切りこむことから、前置きなしにいきなり要点に入ること。
談論風発（だんろんふうはつ）	考えを活発に話し合うこと。議論が続出するさま。
注意散漫（ちゅういさんまん）	あれこれと気が散っているさま。集中していない様子。
昼夜兼行（ちゅうやけんこう）	昼も夜も休まずに進むこと。転じて、仕事などを続けて行うこと。類語に「不眠不休」がある。
直情径行（ちょくじょうけいこう）	感情のおもむくままに行動に移すこと。「直」も「径」もまっすぐの意。
沈思黙考（ちんしもっこう）	静かにじっとして、深く考えこむこと。
適材適所（てきざいてきしょ）	その人の才能、能力に適した仕事を与えること。「材」は「才」と同じで、才能のこと。
適者生存（てきしゃせいぞん）	環境に適した者が生き残り、適さない者はほろびること。
電光石火（でんこうせっか）	稲妻の光や火打ち石から出る火花。非常に短い時間。また、行動がきわめて速いこと。
天災地変（てんさいちへん）	自然界の変化によって起こる災害のこと。

二束三文 に そく さん もん	難攻不落 なん こう ふ らく	独立自尊 どく りつ じ そん	独断専行 どく だん せん こう	同床異夢 どう しょう い む	闘志満満 とう し まん まん	同工異曲 どう こう い きょく	当意即妙 とう い そく みょう	天変地異 てん ぺん ち い
二束でわずか三文の意。多くは、捨て売りの場合の値段をいう。	守りが堅く攻め落としにくい。転じて、相手がなかなかこちらの思い通りにならないこと。	人に頼ることなく自分の尊厳を保つこと。	他の人に相談しないで自分一人で判断し、自分の思うままに勝手に実行すること。	いっしょに暮らしてはいるが、別々のことを考えている状態。また、同じ仕事にたずさわりながら、目標が異なっていること。	戦おうとする意志に満ちあふれていること。	見かけは違うようでも内容は似たり寄ったりであること。	その場にふさわしいタイミングで即座の機転をきかすこと。	雷、暴風、地震など、自然界に起こる異変。類語に「天変地変」がある。

美辞麗句 び じ れい く	半信半疑 はん しん はん ぎ	八方美人 はっ ぽう び じん	馬耳東風 ば じ とう ふう	薄利多売 はく り た ばい	博覧強記 はく らん きょう き	博学多才 はく がく た さい	波及効果 は きゅう こう か	二人三脚 に にん さん きゃく
美しく飾ったたくみな言葉や言いまわし。主にお世辞を言うための言葉や言いまわし。	真意を疑い、決めかねること。	だれからも良く思われようとして愛想よくふるまうこと。また、そのような人。	他人からの意見や批判に無関心で、注意を払わないこと。「東風」は心地よい春風。	利益を少なくして、多く売ること。	ひろく書物を読み、そのことを記憶していること。「強記」は物事をよく聞き知ること、「博覧」は記憶力が強いこと。類語に「博聞強記」がある。	広くいろいろな学問に通じ、多方面にすぐれた才能を持っていること。	波が広がるように伝わっていく物事の影響。	二人の隣り合った足首をしばって走る競技から、二人が力を合わせて物事に取り組むこと。

百鬼夜行（ひゃっきやこう）
さまざまな化け物が夜になると動き回ること。転じて、悪人どもが自分勝手なふるまいをすること。「夜行」は「やぎょう」とも読む。

品行方正（ひんこうほうせい）
行い、行状がきちんとして正しいこと。

不易流行（ふえきりゅうこう）
常に変化をしない本質的なもの（不易）を忘れない中にも、新しい変化のあるもの（流行）を取り入れることが風雅の根幹であること。

不可抗力（ふかこうりょく）
人の力では防ぎきれない外部からの力。

不言実行（ふげんじっこう）
理屈を言わず、だまって実行すること。

不即不離（ふそくふり）
つかず離れずの関係を保つこと。

不眠不休（ふみんふきゅう）
眠らず、休まないこと。期限が迫っているなど、せっぱ詰まった状態のときに必死に努めるさま。

付和雷同（ふわらいどう）
自分なりの確固とした考えを持たず、他人の説や判断に軽々しく同調すること。

粉飾決算（ふんしょくけっさん）
会社が不正な会計処理をして収支などをいつわること。

平身低頭（へいしんていとう）
ひたすら謝ること。非常に恐縮してへりくだること。

豊年満作（ほうねんまんさく）
農産物が豊かにみのり、収穫が多いこと。

抱腹絶倒（ほうふくぜっとう）
腹をかかえて倒れるほど大笑いするさま。

本末転倒（ほんまつてんとう）
根本の大切なことと枝葉のつまらないことを取り違えること。類語に「主客転倒」がある。

漫言放語（まんげんほうご）
深く考えず、いい加減なことを言いたい放題にしゃべりまくること。

満場一致（まんじょういっち）
その場にいる全員の意見が一つになること。

妙計奇策（みょうけいきさく）
人の意表をついた奇抜ですぐれたはかりごと。

無為無策（むいむさく）
有効な手立てが何もないまま、何もできずに手をこまぬいていること。

無念無想（むねんむそう）
あらゆる雑念がなくなり、心がすみわたっている様子。

320　　［巻末48］

門外不出	面従腹背	明朗快活	名所旧跡	名実一体	明鏡止水	無理難題	無理算段	無味乾燥	無病息災
もんがいふしゅつ	めんじゅうふくはい	めいろうかいかつ	めいしょきゅうせき	めいじついったい	めいきょうしすい	むりなんだい	むりさんだん	むみかんそう	むびょうそくさい
秘蔵して、人に見せたり持ち出したりしないこと。貴重なものを、家の門から外へは出さない意。	表面上は従うふりをして、内心では反抗していること。	明るく元気で、ほがらかであるさま。	美しい景色で名高い場所と、歴史のおもかげをとどめる場所。	表向きの評判と内容が一致していること。	くもりのない鏡と静かな水面。転じて、心にくもりがなく静かに落ち着いているさま。	解決できない問題。度を越して困難な問題。	苦しい状況下でなんとかやりくりすること。	少しもおもしろみや味わいのないこと。「無味」は内容がない、「乾燥」はうるおいがない。	病気をせず、健康であること。

離合集散	力戦奮闘	利害得失	容姿端麗	用意周到	油断大敵	有名無実	優柔不断	問答無用	門戸開放
りごうしゅうさん	りきせんふんとう	りがいとくしつ	ようしたんれい	よういしゅうとう	ゆだんたいてき	ゆうめいむじつ	ゆうじゅうふだん	もんどうむよう	もんこかいほう
離れたり集まったりすること。また、そのくり返し。	力いっぱい努力すること。	自分の利益になることと、そうでないこと。	姿、形がきちんととととのっていて美しいこと。	用意がととのって抜かりのないこと。「用意」は心配り、「周到」は手落ちのないこと。	注意をおこたれば、必ず失敗を招くから警戒せよといういましめ。	名ばかりで、実質がともなわないこと。評判と実際とが違っていること。	決断力に欠け、いつまでもぐずぐずしていること。	議論をしても、なんの利益もないこと。	制限をなくし、自由にすること。

論旨明快 （ろんしめいかい）	老成円熟 （ろうせいえんじゅく）	連鎖反応 （れんさはんのう）	冷静沈着 （れいせいちんちゃく）	臨機応変 （りんきおうへん）	理路整然 （りろせいぜん）
議論の主旨や筋道が、はっきりしていてわかりやすいこと。対語に「論旨不明」がある。	経験が豊富で、人格、知識、技能などが十分に熟練して、豊かな内容をもっていること。	ひとつの反応が起こったことをきっかけに、次々と別の反応が連続して起こる様子のこと。	冷静で落ち着いている様子のこと。	その場に臨み、変化に応じて最も適当な手段をとること。また、そのさま。	話や物事の筋道が、きちんと整っている様子。

本書記載の情報は制作時点のものです。受検をお考えの方は、必ずご自身で下記の公益財団法人 日本漢字能力検定協会の発表する最新情報をご確認ください。

公益財団法人 日本漢字能力検定協会

ホームページ https://www.kanken.or.jp/
〈本部〉 京都市東山区祇園町南側551番地
ホームページにある「よくある質問」を読んで該当する質問がみつからなければメールフォームでお問合せください。電話でのお問合せ窓口は0120－509－315(無料)です。

◆「漢検」「漢字検定」は公益財団法人 日本漢字能力検定協会の登録商標です。

本書に関する正誤等の最新情報は、下記のアドレスでご確認ください。
https://www.seibidoshuppan.co.jp/info/pocket-kanken4-2306

◎上記アドレスに掲載されていない箇所で、正誤についてお気づきの場合は、書名・質問事項・氏名・住所(またはFAX番号)を明記の上、成美堂出版まで郵送またはFAXでお問い合わせください。お電話でのお問い合わせはお受けできません。
◎内容によってはご質問をいただいてから回答を発送するまでにお時間をいただくこともございます。
◎本書の内容を超える質問等にはお答えできませんので、あらかじめご了承ください。

よくあるお問い合わせ

Q 持っている辞書に掲載されている部首と、本書に掲載されている部首が違いますが、どちらが正解でしょうか?

A 辞書によっては、部首としているものが異なることがあります。漢検の採点基準では、「漢検要覧2〜10級対応 改訂版」(日本漢字能力検定協会発行)で示しているものを正解としていますので、本書もこの基準に従っています。そのためお持ちの辞書と部首が異なることがあります。

ポケット漢検4級問題集

編 著 成美堂出版編集部

発行者 深見公子

発行所 成美堂出版

〒162-8445 東京都新宿区新小川町1-7
電話(03)5206-8151 FAX(03)5206-8159

印 刷 大盛印刷株式会社

©SEIBIDO SHUPPAN 2021 PRINTED IN JAPAN
ISBN978-4-415-23267-6

落丁・乱丁などの不良本はお取り替えします
定価はカバーに表示してあります